Trans+

Trans+

Trans+

Trans'

不在

不同的存在

小異　小小的奇異

不
在
系
列
09

成為魔女的條件
留美、科技業高階主管穿梭陰陽界、
前世今生的眞實體驗

作者：陳怡君（Iren Chen）
責任編輯：韓秀玫
封面設計：林育鋒
校對：呂佳真
法律顧問：全理法律事務所董安丹律師

出版 ——— 大塊文化出版股份有限公司
台北市10550南京東路四段25號11樓
www.locuspublishing.com
讀者服務專線：0800-006689
TEL：(02)87123898
FAX：(02)87123897
郵撥帳號：18955675
戶名：大塊文化出版股份有限公司

總經銷 —— 大和書報圖書股份有限公司
地址：新北市新莊區五工五路2號
TEL：(02) 89902588
FAX：(02) 22901658

初版一刷：2016年5月　定價：新台幣300元
Printed in Taiwan

成為
魔女的條件

Bewitched

陳怡君——著

目録

推薦序 1
「眞」實體驗

天印老師

唯心、唯物、唯什麼都一樣。凡事講求眞理。看到的？聽到的？遇到的？不一定是眞的。但是眞與假必須用自己的理智去判斷。而不是「用說的」去判斷別人遇到的事。是與非？有沒有？牲畜、人類、外星人，神、佛，是時間、速度、空間、遠近的問題，不是存在與不存在——都存在——的問題

作者用她到目前所見、所聽、所接收到的事敘出此書，我的感覺就是個「眞」。或許在很多人眼中是故事書，但在我眼中，她眞實的敘寫出來了。

信者恆信，科學求眞、宗教求善、藝術求美。本就平行無法互求答案；本就平行無相交點。或許看看此書，再想想自己所碰到的事，它能讓你在心中找到合理答案。

還是那句話：師者，傳道、授業、解惑是幫人、助人，不誆人、欺人。

推薦序 2
本書是很有參考價值的第一手資料

貓大爺（部落客）

到底有沒有鬼神？究竟有沒有靈界？這個問題，人類已經問了好幾千年。靈異之事無法驗證，大家只能從信仰或是經驗中各自找答案，有人信、有人不信。這本《成爲魔女的條件》出自作者的親身經歷，是很有參考價值的第一手資料。

本貓認識作者並不算深，僅有數面之緣與偶爾的臉書寒暄，只知道這位「貓仙姑」好像體質特異。當本貓看到她在臉書發表親身的靈異經歷，很驚訝看似與一般ＯＬ無異的她，居然有這麼多神奇的遭遇，於是本貓鼓勵她出書。

坊間談靈異的書其實不少，但多半是二手傳播，並非當事人親筆寫下，中間總有失眞或是誇大的部份，容易流於迷信或是爲某特定教派宣傳，失去客觀眞實。本貓鼓勵她出書，正是期望能有位受過高等教育的靈媒親自撰寫記實，具體、清楚的描述那個神秘世界發生的事情，滿足外界眾生的好奇。如今大功告成，想來也是緣分。

「貓仙姑」文筆生動親切、敘事清晰明白，把她的親身經歷娓娓道來，讀來引人入勝，特別有畫面感，看著書彷彿也一起經歷了這些奇聞異事。特別是本貓現在才知道，原來「貓仙姑」近幾年經過修行，功力大增，從此不敢隨便和她聊臉書了！（汗）

雖說開開玩笑，但本貓堅信「貓仙姑」是正派慈悲的、是爲了幫助有相同遭遇的人挺過煎熬而寫的。他們總是活得特別辛苦，可能從小遭到許多誤解與責罵、面對大家異樣的眼光、經常身體不適或生病、隨時聽到一大堆雜七雜八的訊息腦子快爆炸、明明有空位不敢坐下去、最痛苦的是被當成精神不正常看待。如果這本書能夠幫助到有相同困惑的眾生堅定對生命的希望，那也算是一種「無畏布施」的功德。

本貓與有榮焉。

推薦序3

王子也有很多故事

星星王子

看完這本書很有感覺，於是我也有幾個故事。

我以下要說的事情，如果是以這個世界，嚴格上是以這個時空的角度來看的話，那你不一定會相信，換作是我，我也同樣會保持某個程度的懷疑態度，不過，也因爲這樣的一個狀況，我至少得到了某個角度的答案，相不相信在自己，與其說我相信了，不如說我知道了！畢竟以科學的角度，要證明某事不存在，卻得先證明此事存在。

桌頭

二○○九年八月我在北京，朋友辦了生日宴，席間碰到一位名人好友的父親——吳爸爸，他愛喝白酒，而我則除紹興這樣的酒超級不愛外，其餘的酒都能接受，於是他就一直找我喝白酒。

其實吳爸爸看到我就一直笑笑的，喝了幾巡後，他就突然說了一句話：「你知道你後面跟兩個嗎？」。這句話也許一般人聽了會很莫名其妙，但這不是我第一次聽到了，我最多聽過我後頭跟了五個，好還是壞，我也不知道，但是看到的朋友都說是好的、是天使。於是我聽了後就微笑著回他說：「我知道啊！」心裡頭還想另外三個沒來。

吳爸爸繼續說：「你還有好多事沒做完，要趕緊做哦。」我回答我知道，並且已經在做了，他點點頭就沒說什麼了，當然我們就繼續喝酒。

後來我才從朋友的口中知道吳爸爸原來有著「桌頭」的身分，是能翻譯「天語」的！

阿給

阿給（化名）是我朋友，他看得到飄飄兒，我很好奇也會問他。阿給平時就有些深沉，但跟我就挺能聊，有時聊著聊著就會說些我的事，像是他說過我是有翅膀的，我則自嘲笑著說是蝙蝠的翅膀，他不理我繼續說：「你翅膀上還有些黑色的羽毛，現在看來還有點灰灰的，以後就會變白了。」我依舊笑笑說跟我頭髮一樣灰灰的咯。

他很喜歡釣魚，在美國留學時曾經參加過釣魚比賽，不過他說他只能拿第二，第一是個印地安人，怎麼釣都釣不贏他，後來他問了那印地安人爲什麼可以釣那麼多，那印地安人說他的祖靈會告訴他去哪裡釣。阿給信了，因爲他眞的看到印地安人身上的祖靈，而且在台灣的原住民身上也看得到祖靈。

他常常在路上看到許多飄飄兒，有時會故意經過他們，當然立即會感受到冰冷而打個冷顫，也看過許多有著凶惡眼神的飄飄兒，他會當作沒看到從旁經過，即使那惡意的眼神一直盯著他。

阿給說有一段高速公路上頭有很多，而且那一段也常常會出車禍，我回應他說難怪，我在經過那一段時很不舒服。

他還說醫院裡頭最多了，但是反應跟在路上看到許多停著不動的飄飄兒很像，因爲突然離開了身體，而不知道要往哪裡去，也沒有人來接他，就停在一個點不動。

阿給說他的阿嬤很特別，活到九十幾歲，而且常常會看到她的身邊有許多像小孩一樣、全身發亮的靈在開心地跳來跳去。當阿嬤要離世前送去醫院，他看到更多的發亮小孩在她的身邊，像是去接她一般，而且進去醫院時，所有的飄飄兒都讓開了路。

看到黑影別亂開槍

我的學生不算少了，我是在二〇〇七年重生後，才開始在二〇一一年正式地授課教了許多學生，我的學生有碩、博士，更有許多名校生，當然能人異士也不在少數，能看到不同世界的人也挺多的，我教導他們，他們也教導了我！有些學生能看到我們凡人所看不到的世界，他們提供了許多我對於那個世界的知識。

我有位學生一直看到我身邊有黑影，但她很厚道，她並不知道這是怎麼回事兒，再加上她有師父幫她關掉了一些靈通，所以，只看到大概，卻不見全貌，因此她並沒有多說，直到我提及了另一位學生所說的狀況後，才跟我說。

每個人的能力各有不同，如果在不知道自己的能力如何，就胡亂下了結論，那就妄語了！我有個學生，只跟我學了塔羅牌，就不再跟我學了，因為她的朋友看到她用塔羅時有黑影在她身旁，就覺得有問題，而不要讓我的學生繼續用塔羅牌，並將她的牌收走。我其實很生氣這件事，因爲那紙牌是我提供的，任何人都沒有拿走的權利！再者那人根本就不知道，也沒有能力搞清楚看到的黑影是什麼，就要禁止我的學生再繼續學，更何況我那學生是很有天分的，誰知道那些黑影是不是天使來協助我學生學習與了解！

我的另一位學生某天看到我身旁有位老者，我當時就立即找了我父親的照片給她看，她說不是，我又給她看了我祖父的照片，她立即就說是祂！她還說祂一直在我身旁，並且很溫柔地靠在我肩上。

看不清楚，或是說看不懂的人會認爲是黑影，因此看了黑影就開槍，而看得清的人卻說那是我的先祖，我學生用塔羅牌的黑影，在這些沒看清楚的人眼中雖是黑影，但在我的眼中卻是天使！

而後我在二〇一五年十一月帶著大兒子回家鄉去訪親，完成我父親來不及做的事，就在我走出火車站時，我太太發訊息給我，說我那學生發訊息來跟她說，我爺爺看到我們到了很高興！

要加香菜

二〇一五年初接連地發生至親離世，首先在我生日前，我認了二十多年的乾爸過世了，隨即，兩週後，我岳父也過世了。我岳父的法事很快在一週左右就辦完了，在過程中也發生了一些事。

我有位學生之前是我的客戶，我在爲她看了出生圖後，總覺得她有靈通的本事，後來透過一些機緣就開啓了。我岳父過世的第一時間我太太就先南下回家去處理，而我則在台北繼續帶孩子上下學及教我的課，這位學生在我週二班，當週二上課時，她看了我背後一眼後就一直打嗝，知道這狀況的人就了解許多通靈人士當遇到靈體時，就會噯氣，我打趣的問她誰來了，她則表示是我岳父來了，問我何時會帶小孩們下高雄，我就說週三中午放學後。

其實我岳父的靈發現了我學生能代爲溝通，就三番兩次地來找她向我們要東西，像是他要喝蘿蔔湯，而且要加香菜，或是要手機及平板，還說蓮花別亂燒，要燒九朵等等，其中蘿蔔湯是最有趣的。

原來岳父去世前一天，岳母買好了蘿蔔準備做湯，而岳父最愛此湯，並且要加香菜，像我做「加分醬」時用的香菜末，他都會珍惜地留下來配湯，結果來不及做好湯他就離世了，因此心中就一直記掛此事。

而當我們做完法事及盡完孝道後，將骨灰入塔，才關上小門鎖上，學生就發訊息來了，表示知道功德圓滿了，因為看到我岳父乘著蓮花而去。這樣的靈通實在有趣，而且很難讓人不信，尤其是我這學生並不知曉我岳父的生活趣事。

爹地來找我

送走岳父後，在我三月的生日過後，我乾弟才告訴我乾爸也走了，我非常震驚與不捨，當然心情隨即低落了下來，去了林口家裡看他的照片與靈位，眼淚大顆大顆心傷地落了下來。

我父親過世得挺早，在這近二十年來，我跟著叫爹地的乾爸是很照顧我的，而我與他們家人也就跟真正的家人一般。與其說是爹地，更像是朋友，我們甚至會為了討論一個看法而熱烈表達意見，像是過農曆年時，我依例去林口拜年，雖然他的健康已經很嚴重的亮了紅燈，但當他表達看法時，仍中氣十足，我其實很是高興，但又很擔心是回光返照，可是那種直覺是很眞實的。

送爹地的身體離世的那一天，我也如兒子般跪拜流淚，我當然知道這個對他而言已無用處，身體一旦火化，他的靈就更無牽絆。

乾媽二十幾年來篤信佛教，尤其是密宗，並且已是授證的仁波切，當爹地離世的第一時間，就請了他的金剛上師皈依了爹地，而在皈依後，竟意外發現爹地的頭骨人字縫部位，也就是枕骨與兩片頂骨交接的部位居然凹陷了約五十硬幣大小，這狀況聽媽咪說，這是成佛的重要意義，原來這是「頗瓦法」，也聽了大家打趣說，還好爹地的頭已禿所以才看到了，這實在神奇！

送爹地火化後的第二天早上十一點多左右，我還賴在床上，不過已經坐起來了，準備隨時起床，然後就在電光石火之間，爹地乘著雲托起的蓮座來跟我說了一些事。

首先，我必須說我已經醒了，並且立坐在床頭，我是在腦子清楚的情況下看到及聽到的。與其說看到或聽到，不如說是感覺到。我無法用這個時空的時間來形容那是多長，因爲那根本不到一秒，彷彿時間凍結一般，而爹地沒有開口，但我卻清楚的感受他的聲音，因爲那個聲音雖然不是空氣的震動，但我卻能感受到，尤其是興奮地與我分享一個知識時的那種聲調是我很熟悉的。

他說：「王子，我知道了，爲什麼會有人能夠看得到一些我們平常人看不到的靈，因爲他們有個靈還留在那個世界！我還有好多事要去知道，我先離開了！」

這像是一句話對吧？但其實那是個意念而已，是爹地在他標準的抿嘴微笑時傳達到我腦子的意念，從頭到尾都不是一句話，但是我懂了那個意思，並且寫下來。

那一瞬間他來，到見他離去，就眞的是一個瞬間而已，而且他也在我腦中留下了即將要去探訪整個宇宙的興奮，我彷彿見他乘著雲朵托著的蓮座離開，朝向宇宙未知前去，就好像是宇宙間最快的飛船一樣，可以瞬間到達他想要去的任何地方！

我立刻起身將這事兒說給我乾弟及媽咪聽，他們聽了都非常高興，而我心中也放下了對他的罣礙！而且我好開心他能去了解這個宇宙的道理。

推薦序 4

爲敏感封印找出路

妙慧師父

如果說生命眞有密碼，那怡君師姐是比別人早一步透徹的先覺者。

回想學修路上，年已半百的我除了慚愧外，毫無建樹可以提心得講分享，承蒙怡君師姐錯愛，邀我寫序，本想羞愧推辭，但念頭轉到她百忙中回憶記錄故事的用心與初衷，我又怎能不盡力獻醜，將其風範推薦予人？

在我的角度，我所認識的怡君師姐是個新新人類，喝過洋墨水的她，常是一襲窄短裙飄進道場裡，俏皮不羈的模樣與傳統寺廟文化成了極端對比，也是幅有趣的畫面，我常在想，我的師父如還住世，恐怕免不了要說出女人家不可以露大腿這番話，更何況穿著短裙入廟朝拜跟禪坐了！

大家都知道新新人類不喜歡被傳統教條拘束，但不保證行爲能合宜，生命有目標，而怡君師姐出眾的是，她有新新人類不墨守成規的特質，但做人做事十分有倫理，對人長幼有序，對事條理分明又具正義感，她一直在謙卑著追尋道理，所以能在不同階段與不同因緣的老師廣泛學習，開拓視野，也快速走向內心深處的象牙塔，她的謙卑跟柔軟讓我十分佩服，我相信只要是道理，她會遵循弘揚，說不出所以然的規定，恐怕很難馴服她這匹野馬咯（怡君師姐屬馬）！像怡君師姐這樣具敏感體質的人很多，大家身邊不乏有感應事蹟的朋友，爲什麼？是有感覺好，還是無感覺好？

這種敏感體質的因緣，我們稱爲「敏感封印」，這類人本身的接收器比較純淨，代表屢世有修持佛道的因緣，到此生又來了因果、了業力、了願力，所以，這種敏感感受也是一種訊號，提醒自己莫迷失在人世道中，是該去親近佛道學修淨化的時候了，這種靈魂設計是非常先進科學的（不得不佩服造物主），靈魂上如果沒有安裝這種不用電池的接收器，人一旦被因緣俗事纏身，心靈就被束縛了，就沒有辦法喚醒自己去學習淨化，去接觸宗教，進而明白法界因緣，藉著自己靈修經歷及種種法緣，布施給靈界的幽冥，傳度勸化人世中未知未覺的殘靈癡魂。

所以我不得不喝采怡君師姐願意寫下自己的親身經歷與大眾分享，她做到了此生再來輪迴的一部分功課，完成她的悲願之一，就是她想大聲告訴具有相同敏感封印的朋友：「你的苦我了解我知道，有我在，你不會寂寞！讓我們一起找方法！」她曾經受過的苦與徬徨孤單，她希望不要發生在其他人身上。

敏感的體質在過去被視爲不好的因緣，被誤解爲業力深重或精神分裂，因爲長期的敏感跟卡陰，讓身體健康及運勢逐漸走下坡，精神上也呈現崩潰狀態，外表看起來就像是過去業力的現前；但現在不一樣了，尤其是近十五年來，經過靈修前賢的努力，以往對靈學晦澀不堪的一面幾乎不存在，只要秉持一些基礎原則，耐心等候，每個人都會找到適合自己每一個階段的老師，學修路上也能左右逢源，春風滿面，誰說學修一定要有一張苦瓜臉？那是還沒有找到方法。

學修路上我繞了一大圈，最後還是回到這些原則上，一切只能要求自己心性不斷的提升與改變，在此貧道偷聖賢幾句話，也跟怡君師姐借點版面說說基礎原則爲何。

基礎原則分爲內功與外功，內功就是七字訣：**靜**、**定**、**明**、**慧**、**覺**、**悟**、**道**。外功就是四維八德：**孝**、**悌**、**忠**、**信**、**禮**、**義**、**廉**、**恥**。這些字看起來既八股又充滿霉味，但是不管你是新新人類，新新新人類，還是新新新的N次方人類，通往眞理的道路目前還是只有這一條，信不信由你，一個靜不下心的人無法清明，一個不孝子絕對會一無所有。

簡述內功七字訣：

第一、靜功：經常做靜心的練習，要求自己心念止息，停止內在的自我對話，藉心念止息達到淨化效果，進而化氣生神。

第二、定功：長期練習靜心的人第一副產品就是由衷的產生定力，這定力能讓人內心降服心魔慾念，念頭不再隨外境而起舞。

第三、明功：隨著心念止息與定力的累積，內心會越來越寬廣柔軟，開始察覺自我缺失及執著之處，明白人世間一切煩惱業海都是個人心念及行為造成。

第四、慧功：明而生慧，每天都會覺得今是而昨非，抱著日日懺悔感恩之心對待身邊的每一個人，每一件事，無形中人格趨於完整，品性更加端正。

第五、覺功：明瞭一切因緣的生滅，外在福報帶不走，萬般只有黑白業隨身，因此更加珍惜成為人的因緣，藉此肉身培養法身靈體，只做對靈性有意義的事情。

第六、悟功：「覺」是個過程，「悟」是這過程的產物，當「覺」的能量一直累積，終究會「悟」到人身難得，來人間為的是特定事項的學習，不管你用什麼方法，悟到了就是你的，先馳得點，過關了。

第七、道功：有了覺悟還要持之以恆，推己及人，將方法公諸於世，分享給有緣人。

至於四維八德，這是做人做事基礎原則，不符合四維八德，做人做事可能有悖於倫常之虞，那會成爲下一個輪迴的缺口。我不想在此佔用篇幅解釋何謂四維八德，請大家自行 Google 學習，但是我必須說明，就我多年爲靈界傳達訊息的工作經驗，會在輪迴中有較多功課者，都是此生行爲有悖倫常必須再來人間重新學習，並不是少拜了哪一尊神，少走了哪個教堂，當然，重新學習也會是比較艱辛的過程。

修持法門三萬六千，只要能觸動靈魂核心的思想或能量，都有可能會開始轉動自身的法輪，佛道只是其中一條，只要內在元素相同，不管是叫作懺悔還是告解，都一樣會被記錄在靈魂上，得到空間慈悲的回響。最後與大家共勉，《尚書》說「非知之艱，行之惟艱」，這種知易行難的劣根性，請大家一起手牽手來克服，在修行初段眞的不能沒有同修沒有導師，很難克服起伏不定的心性與惰性，請不斷修正自己心性符合四維八德，每天充滿愛跟寬容，這樣適合自己因緣的老師及同修就會快快浮現，而且謹守倫常的人死後不會被判定有缺失，有缺失的人要小心會被怡君師姐的秤子秤到喔！在學修的過程中，雖有所覺悟，但如果不假念持心，習氣很難一下子就被清除乾淨，一朝鬆懈，春風吹又生，習氣會捲土重來的，所謂「漸修累劫功，頓悟刹那間」，理雖頓悟，事則漸除，才能具有眞正強大透徹的能量。

相信怡君師姐已經清楚此生來學習的功課爲何了，也相信她會持之以恆努力不懈的向前走。

開場白

◎我是誰？

謹以虔敬的心、澄淨的靈魂、全心相信且敬畏的信仰、但搞笑、輕鬆的說法、試圖將閱讀與想像的恐懼降至最低的程度，來敘述我自小到大的「故事」、二〇一二年開始修行的「經歷」；故事情節百分之百眞實、親身體驗、眞人上陣、不用替身！

據說，我們「這樣」體質的人，佔了全球人口的百分之十！

「我」是誰？小小道場裡，原木長椅上，我托腮皺眉，似懂非懂地試圖在理解老師的話和畫；老師思考著，如何跟我解釋我看到的顯像，也就是我回家「自修」時的功課——打坐時，腦海裡或說是投射到腦中的「動畫」。

我只是億萬人海中和一般人沒兩樣的一個「人」：和每個人一樣，爸媽的期望都很高，小學就幫我籌畫念國中、高中就計畫讀大學、研究所就擘畫著未來，因此，我國中念了一年多內湖的天主教女中、高中是八里的天主教女校、大學甄試到廣電名校、研究所在加州的燦爛陽光下度過。

工作上，我也算還不錯啦！從小就喜歡科技類的工作：大二就在電台值大夜當音控、覺得控制玻璃對面那些人的感覺挺有權威感的（其實就只是個小音控），接著在老電台實習、在大電台寶島網做音控、節目企畫、流行網報新聞氣象路況、主持……然後在美國的華人電視台做企畫，常常要透過衛星傳帶子廣告回台灣；隔了幾年，回到台灣進知名公關公司做硬底子的科技公關，A牌、C牌、O牌、S牌等等，都曾經被我服務過……之後，進入了頂級進口車公司做公關行銷，喜歡看超跑、喜歡聽引擎運轉、喜歡踏油門的聲音……然後，進了很大很大的科技公司做APP資深行銷經理……

信仰上，我受西方宗教的教義薰陶甚久，我相信禱告的力量、相信跪在聖母前點亮蠟燭祈願，心靈就會平靜、相信飯前禱、晚禱是感謝天地、感念一切的作法、也喜歡聖歌優雅的旋律和穩定人心的功能；在加州念書生活的時候，也和朋友同學上過教堂，聽聽詩歌、聽聽牧師講道，心裡也覺得平和踏實。當然，我從小也拿香拜拜，喜愛（好）香的味道、喜歡供奉神佛，堆得滿滿堆疊得高高的水果食物零食、喜歡看各式各樣的金紙投入金爐中燒滅的感覺，彷彿直達天聽、喜歡看爺爺拿著拜拜的酒，繞著香爐畫圓，心裡就覺得圓滿……

沒什麼特別的嘛（別把書丟掉！喂）！但是，我有一個別人沒有的「天分」，就是，喜歡科技的我，竟然有特別的「特異功能」——"I can see ghosts and Gods!"

從小就有陸陸續續地發現這樣的狀況，但我傻傻地，也沒有告訴旁邊的人……後來有老師說，我這是「乩童」的體質（嚴格來說，我不是很喜歡這兩個字，因爲我做的是傳譯的工作！）。也就是說，神靈會抽取（沒錯，抽走、抽出）我的靈魂，附身在我身上，用我的口去傳達祂要說的話語，雖然我也曾經經歷過這個部分，而且過程中並不是都感到很愉快，常常會很疼痛，身體心靈亦非很舒服，但是，重點是，我可以直接聽到內容來同步口譯、傳達，爲什麼要上我的身啊？

還有部落客朋友好奇地跟我說，我和他曾見過的或是廟會裡的乩童都不同：我有比較優異的學業成績、拿到碩士學位，在美國生活過、也一直在科技公司工作，接觸的都是企業的高階C級主管，和一般他所接觸的乩童不一樣，我也不需要用法器來擊打自己、讓鮮血直流的肉身演示神靈的崇高和萬能……因此，我才感覺到自己的「不同」（笑）！

也許，我們這一個圈子也需要「差異化行銷」，來吸引並幫助更多不同領域的人吧？

而我寫這本書的目的是：周遭身邊有太多「這樣」的人，長時間或是高頻率地在承受身心靈的煎熬、傷害，或是以各種形式得到救贖的，不停的前進、超越現狀的，是喜是憂、如人飲水；但是，常常會被家人朋友，以異樣眼光看待，被責備、勸阻、禁止、懷疑，或被當成精神病、神經病，處在沒有人理解的苦痛中；因此，我勇敢站出來，假裝自己是「仙姑」，希望能分享相同的經驗、喜與樂、遇事的處理方式、感受、過程，並試圖成爲啓發同類人接受、正面看待與尋找答案、道路中的小小燭光！

我常常在被提問題當中，被要求要解釋輪迴、因果、前世等等的論點意涵，儘管我還沒悟道，也稱不上所謂「道行」，但總是被老師安慰鼓勵：「只要心念正，我行的就是一種『法』！」文中有談到的法門，一如老師教導我的，他們用我聽得懂的語言來告訴我修行的脈絡，以一般人可以聯想得到的比喻來說明佛法，簡單的方式讓我依循並努力跟進，這就是我們的功課；當然，如果你已經在這條道路上緩緩前行，請讓我們一起努力，如果你已經看到了未來要前進的方向，是要向著佛法（或是任何正面的宗教）或是助人的指標行進，請你不要退縮，一定會有貴人來引領你，往正確的道路上走去；如果，你還在多岔路口徬徨迷惑，請你稍候一下，總是會有擺渡人或是有緣人來牽起你的手，告訴你信念裡的途徑；如果，你已經了解自己是擺渡人的身分，請用心地、仔細地划好你的竹筏、撐好篙，在那條河的小河岸上靜靜地等待，遇到有需要幫助的人，請務必載他們過河，會有人在那一岸好好接應著，並感激你做的一切。

◎旅程之初

曾經有老師說，我經歷的這一段過程，是靈魂的洗滌！

也曾經有人說：「妳這麼年輕，這麼早接觸宗教也太消極了吧？」

也有人說：「找老師？真的假的？準不準？收××錢會不會太貴啊？」

達賴喇嘛在《開心》一書中，對尋找「導師」這件事，特別下了註解：

「對我們學習知識而言，老師很有用，一位符合資格的修行老師尤其重要。」

「對學生而言，了解修行老師的資格以及找到具有這些資格的老師，也是件很重要的事。如果你找不到俱足這些資格的老師，最少也要找優點多於缺點的老師，如果他缺點比優點多，或情況跟你一樣，這樣的老師不要找。」

《西藏生死書》中，也提到「上師」的跟隨準則：

「只要上師在場，即使是最焦慮不安的人，也可以從他安詳的信心中獲得保證。」

而我所謂的「老師」，或是「師父」，因爲機緣而見到老師、開始學習、階段性離開等等的過程，我都戲稱是「上山」（修行），其實也就是我「那段時間」中，從每天到每週日，千里迢迢從北投搖晃到三芝道場的這段路，近期則是需要高鐵一路奔馳到台南……一再學習、受傷、從受傷中學習、復原、再站起來、甚至還能夠逐步進入到協助他人的過程！可能對非類似體質的人來說，沒法體會、了解，或是一知曉我的狀況，大多數人又會馬上回應：

「妳看得到鬼喔？那這裡有沒有？」

「快幫我看看我後面有沒有跟著鬼？」

「它們長什麼樣子？它們是透明的嗎？白天有太陽就沒有鬼嗎？」

「阿飄農曆七月才會被放出來嗎？」

「我戴念珠、水晶，它們就不會跟著我了嗎？」

「紅衣小女孩是眞的嗎？」

「幫我看我家有沒有鬼？」

「觀落陰是眞的嗎？」

「……」

大家好奇的部分，容後討論吧！

我十多年來尋尋覓覓、心心念念盼望找到的皈依，新的人生也是從這裡萌芽生根。

再提到人生，也許大家會說，「妳也沒幾歲，談什麼人生？」

從小自有印象起，就是不斷的受驚與收驚過程，平均一週一至二次，媽媽要帶發燒、做噩夢、動不動大哭的我去「收驚」，每回都得穿過僅容迴身又彎曲的巷弄，到達一個紅磚瓦、厚重木門的老屋子去，門口有藤椅，從門口往內望，黑黝黝的一片。進了門，就是一個面部表情陰森、白髮蒼蒼、佝僂腰背的老奶奶或爺爺，在陰暗屋子中央的神桌前，拿著一根正方柱狀的戒尺，啪啪地拍打桌面，然後唏哩呼嚕地對我指手畫腳繞圈圈，要我喝下奇怪的泡著符令的符水、洗澡用符令燒的水……據說，每次經過這個過程，回到家的我，就竟然痊癒而且又生龍活虎了！

這是我幼年時期的印象。

但是冥冥中自有安排。

從大學「正式」看得到飄飄們開始，我就不斷不斷地在尋找「爲什麼我看得到？爲什麼是我？我該怎麼辦？」這些問題的答案，一直縈繞在心頭，尋找答案的腳步也未曾停歇！從台灣南到北、甚至在美國南加，我不停地尋尋覓覓，見過各式各樣的占卜老師、算命仙、師父、喇嘛、仁波切、收驚婆婆……接觸過水晶、塔羅、八字、紫微、手相、命相、面相、感應、米卦……我想只差觀落陰和催眠了吧！多年來，騙色是沒有，但是「騙錢」，嘿嘿！可就不好說了……

爲什麼這麼說呢？因爲，我見過無數無數的老師，多到我無法一一細數他們的面容或特徵、徵詢的內容、或是他們回覆的話語、或是使用的靈通等；無論是網路知名人士、朋友推薦，家人要求，我都努力嘗試過：我記得我見過咖啡館裡的塔羅女師、記得見過算命的廟公、排八字的老師，我甚至去過長春路拜過狐仙、讓乾姐姐 E 算過塔羅、連我的國中國文老師都會算紫微斗數，我也曾隻身一人在茶街和一個女老師面談（茶街裡，旁邊的信眾徒弟都在念《金剛經》，畫面很令人意外，特別強調，我沒有不敬的意思喔）等等，不勝枚舉，但眞正幫助我比較大的，是較近期的老師，特別是接觸修行之後的老師，眞正才是「對的老師帶你上天堂、不對的老師帶你住套房」的概念啊！

而打從探索之路開始，我就擁有多位老師，道教、佛教密宗、藏傳佛教格魯派、一位集兼容佛教與科學的老師。這幾位老師，在大家戲稱「仙姑貓」的我的不同的學習時期，都曾給予我莫大的力量、指引與幫助，帶領我進入各時期的奇幻之旅。

◎因緣俱足才有機會遇見神奇的老師

本書中談及的多位重要的老師與師父，我將在文後中介紹，老師的教導與解決方式，通常是因人而異、視事不同而有方法、說法、教法上的差異，同時，據我淺薄的修習經驗中，我也可以體驗到，上天會賦予你每個階段不同的導師，指導你各個時期相異的需要來教化、引導你；《六祖壇經．般若品》裡：

「我此法門，從一般若生八萬四千智慧。何以故？爲世人有八萬四千塵勞。」

也就是說，人會有八萬四千種煩惱，也可是說，即有相對應的至少八萬四千種法門去解決通徹塵勞煩惱；白話文就是，世界上有極多的方式可以解開疑惑與煩惱，還有遇到的問題，因此，套一句玩笑話，「姐姐有練過，小朋友不要隨便模仿！」若是學習的過程中，遇到問題，一切都請尋求你的老師指導，一個人自己隨意變鬼變怪，或是上網 Google 任意擷取片段來效尤的話，一不小心，會出大事的喔！

而每個人其實都有第六感、直覺，也許不是經常很敏銳或準確，但在初識你的老師，或即將被引薦見到老師時，可以傾聽心底的聲音，相信直覺覺知的判斷，如果心上油然而生出任何一絲感覺不是、不好、不對、不舒坦（不是談話後老師指責你的那種不舒坦喔），或是有疑慮需要深入思索考慮，那就請你用常理判斷，善用第二意見，或是賭他一把去第二次，確定正確性，千萬不要勉強（當然，如果他一開口就說你卡鬼卡陰卡什麼，要花幾萬幾十萬做什麼，才能怎麼樣，或是要買什麼天價的加持品、食品、藥品、舉行什麼儀式才能恢復……拜託你千萬快閃！如果還有那種動手動腳、不禮貌或騷擾行爲，請你馬上報警）。同時，第一次見到陌生人，也還是請你找個朋友相伴，確保人身安全，朋友也許還能提供較爲客觀的觀察和判斷。千萬別被騙上當了！

我甚至會用科學的方式，上網翻找相關的影片、文章、評論，與媒體報導，來佐證自己的直覺正確與否，也可參考。

◎導師

導師 I

這一位，是我開始修行前遇到的老師，還是以問事爲主。應該是二〇〇六、二

○○七年開始接觸這位老王老師（我們都這樣戲稱，老師也不介意）。閨蜜的閨蜜推薦這老師超靈爆準，要我們一定要去試試，好吧！就三人一起去咯！

其實，問事多半是工作、姻緣、投資、健康等方面有了不順遂之處，因此，我們也會期盼老師能給我們正面的答覆，或說情況不是那麼樂觀時，也希望有解決的方法，所以，其實，算命老師也扮演著心理諮詢師和治療師的部分工作，當然，如果所有的老師都長得像老王一樣年輕、長相優，又風趣，那就更療癒了。

三個女生的算命之旅是千里迢迢從台北市的中心地帶，趕到永和還是中和？已經有點忘了。我那想趕快拚一個貝比的好閨蜜，乖巧聽從老師的話，看中醫、調理身體，說是三個月內就有好消息！總是每週三約去健身房運動的我們，大約兩個多月後，得知她每週三不能來運動了，因爲「懷．孕．了」！自此，另一位好朋友V就更深信不疑，也聽從老師的話。

而我呢？老師的敘述裡，都是他看到畫面、如電影般播放的畫面（與我現在的狀況是一樣的），看V的生活也是很準確，偏偏預測我自己的部分卻總是棋差一著；但是，老師還是幫我解決了很多感情上棘手的問題，例如無法分手、不讓對方死纏爛打等等，因此，雖然對我的預測不是那麼靈驗，我卻還是非常感激老師。

導師II

開始「修行」之後，首先是幫我打開這扇門的，是一位道教的老師，老師有數十年「廟公」經驗，麾下曾有多位乩童協助神佛辦事，幫助信眾解決疑難雜症，我在老師身邊，就曾看過老師為人解決許多人生的困惑、生死交關的問題，老師為人慈祥和藹，看上去也年輕有活力，終年無論春夏秋冬都一襲吊嘎啊……以道教的形式，燒金紙、法會的方式祭祀鬼神，隨身也會帶著六字大明咒（就是大家都會的「嗡嘛呢叭咪吽」）的小紅包袋，還會以手印等來解決問題，杜絕干擾。老師是比較積極派的，例如飄飄，老師傳授的是如果它靠近你，就用特殊的指法把它彈走，以避免它的傷害。老師也教過我符令上三個勾勾的含義……其實是很有趣的學習旅程。

導師III

她影響我非常深，是我正式進入修行階段的啓蒙老師，也是我唯一完成儀式、拜師，並接過手上陰陽令旗旗幟的師父。她長得福態，非常可愛善良，對弟子們溫柔，又充滿耐心、愛心、正義感、刻苦耐勞、喜好和平、不喜與人衝突。

很有趣的是，師父早前曾出家，接受密宗的嚴格教育，對宗教的探索比許多在家居士深刻許多，師父還喜愛研究科學、醫學、中藥，但又是法律系背景，喜愛分析佛經，我們以禪坐、持咒、念經文、煙供、法會的方式，來強大靈魂、降低干擾。煮得一手好菜的師父，也帶領許多師姐在遙遠的北淡水水碓子，開設「唐果」蔬食料理，以美味可口、完全不覺得是在吃素的蔬食料理餐廳，作爲人間道場，影響更多人，知名美食部落客貓大爺傅鏡暉也曾經親自嘗過！

導師Ⅳ

另一位老師，是最近一年來的心靈導師，是讓我覺得「靠！你怎麼都知道我在想什麼！」的天印老師！也聽說，老師是「頂港有名聲、下港有出名」，許多五、六十歲的人都聽說過，名號響噹噹的老師，但對我來說，老師很有趣、解說的方式我都能夠理解，而且彷佛是我肚裡的蛔蟲一般，完全了解我的痛、我的苦……（第一次見老師的時候，老師還開玩笑地指著四臂觀音像的神桌下方說，妳看我沒有養小鬼……但其實這是佛教六通中「他心通」的能力，我等待這個能力被開啓的一天）。目前大部分的功課，我都是由老師指導，但因我住台北，老師長期在台南與上海兩地奔波，所以，只能每次練到「卡關」，就南下衝去請求指點。老師也是很隨性的，T恤、五分褲，小道場簡單舒適，木桌上茶具組總是泡著熱茶；老師講求自然中道，不偏頗、不執著，修心隨心，盡力而爲，重視直覺，教法因人調整，因此，老師只要我禪坐做功課，氣守丹田、內丹（武俠小說情節出現），將氣運至全身，從頭頂往外發散，就能有機會接觸到宇宙、獲得能量、提升能力；而其實接觸老師短短的二個月時間，憑藉老師的指導、我自己的努力，每天做功課，就能把自己的身心，以禪修調整至較過往更良好的程度，也是令我感到非常神奇之處。

導師V

還有一位，是位溫柔的女老師，全身充滿柔和的能量，出過書，恰好是我愛的張愛玲；排家族牌時、檢測訊息正確度時，我都可以感覺一股一股暖暖的能量朝我流動，從深層情感牽繫的層面解析我的潛意識……

導師VI

這位老師，其實正職是中醫師，在淡水地區遠近馳名，醫師姓湯，我們都笑稱「阿湯哥」，鑽研針灸與貼布學，牆上貼滿了執照、證書，診所是類似一個華麗版的鐵皮屋，位在淡水高樓住宅的空地中央，屋前一大片田地，阿湯哥在四周豢養雞鴨、種植蔬果，彷彿與世隔絕、與塵世兩相忘，過著雞犬相聞、自給自足的日子；許多師姐或是同修，包括我自己也在醫師處認眞調養過身體，湯醫師堅持用炭爐煮飯、煮水，維持食物的天然與能量，只進米食，不吃精緻麵粉類的產品，深信腸胃是健康之本，顧好腸胃，加上揮汗運動、用最上等的藥材調配的貼布貼在對應的穴道做長期的排毒治療，再加上誦念往生咒、大悲咒等來消弭業障，修行便可有進步。

當然咯！找到這幾位老師都有中間所謂的「擺渡人」！

感謝生命裡的每個美好與缺口！

老師說，這是洗滌靈魂的一種方式與學習，How lucky I am!

感謝所有幫助我完成這本書，並出了很多「鬼主意」的家人、朋友、汽車圈、3C媒體圈的前輩後進。謝謝天印老師、妙慧師父、陳大哥、師姐師兄們；謝謝郝明義董事長垂愛、謝謝黃子佼學長的推薦、陳為民哥、星星王子千雅夫婦、天印老師的序言，親愛的部落客好友Choyce、鼓勵我出書的貓大爺，還有一路陪著我的Ivy、Eva、Sabrina、Ken、N、F、Echo等好朋友們！一直很支持我的台明賓士陳宗仁董事長與夫人！眞心感謝！

人生原本就是趟早就指定好始點、終點的旅程，端看望見甩動的方格旗之前，表現最好的lap跑幾秒、可以噴幾次香檳。

（書中內容完全是自身經驗，每個人遇到和必須經歷的狀況不同，一切動作、修習、儀軌等，請和正規導師、上師請益，勿自行效法、學習！）

第一章　說飄飄話飄飄

你想問的，一切，都在這裡。

◎我見過的阿飄

幾乎是全自傳的故事開始前，我們來討論一下這個大家不是一聽到就眼睛發光聚攏，或是摀著耳朵逃走的話題！

自大家都最好奇的「阿飄」的長相和一切說起吧！

看過《靈異第六感》吧？看過《倩女幽魂》吧？看過《哈利波特》吧？看過很多日本恐怖片例如《七夜怪談》？或是泰國《淒厲人妻》嗎？其實我全然相信，這些作者、導演、編劇，一定某些人有特殊體質，因爲，許多形象，和我看到的很類似，但又不是每個人看到的都一樣喔！

「阿飄，長什麼樣子啊？」

就跟你我一樣，長得人模人樣，但是透明透明的，你覺得可以看「透」他、看「穿」他。但這是我看到的，我看到的都是完整的人的樣子（也有例外，請參看「校園篇」）；有的人會看到支離破碎的、或是血肉模糊的、或是可以看到動物靈，也就是蛇精、狗靈、貓靈等等，我看過類似像小狐狸之類的動物靈。

「阿飄有腳嘛？」

很多阿飄沒有腳，但我看過有腳的，還來騷擾我很久呢（請看「米國II篇」）。

「阿飄有顏色嘛？」

我看過的，有彩色、黑影、白影，或是灰影。當然，很多人是感覺得到或是聽得到，但不一定能看得到形體。當然，也有像電視劇裡，老愛揣摩的白衣長裙、長髮女鬼（不是每個飄飄都長那樣啦）。

當然，我沒有看過殭屍、沒有看過吸血鬼、沒有看過狼人、更沒有看過漫畫卡通裡小精靈，或「史萊姆」這樣的阿飄，最近很紅的「紅衣小女孩」當然也不在我的「視線」範圍內。

「這裡有阿飄嗎（左看右看）？白天有阿飄嗎？」

I am so SORRY! Yes! 到處都是阿飄！白天也有阿飄！

據我淺薄的經驗，我們人類和神祇或阿飄，是處在不同的次元（請想成「時空」的概念），當磁場、頻率接近、重疊時，空間交會，我們自然有機會以各種「方式」和他們相遇；但我曾經有被教導過，說他們的世界是完全黑暗的，而有修行或體質較爲特殊的人，身上會發著不同顏色的光芒（我相信，因爲我看過），他們就會在無光的時空裡尋找光明，就自然會以各種方式找（黏）了上來，但是，知道不知道他們的存在、他們多靠近你、怎麼傳達訊息，或怎麼「利用」你，就因人而異。

「阿飄會不會跟著我？阿飄為什麼跟著妳？」

阿飄有可能因爲因緣、或是頻率、或是因果、或是任何因素跟著任何一個人，很多人也是有被阿飄跟著的，但不知道、不清楚、好像知道但裝作不知道、知道但不處理、知道把他渡走、知道但把他攆走、自然，也有知道它們存在又被欺負、附身，或是相反地在完全不了解的狀況下，被欺負或影響（也可以稱作大家很熟悉的「煞到」或是「卡到」）等，有許多的處理方式，隨宗教信仰不同，有的派別相信他們存在，有的不承認，有的奉拜他們等等。

至於，他們爲什麼跟著人類呢？飄飄們會使出一切的手段，讓我們這類有知覺的人，確實知曉他們的「存在」，因爲他們希望能把他們的需求，也就是將「有需要我們幫忙」這件事的訊息傳達給我們，然後我們會因爲他們而感到身體不舒服，因此，就會前往老師處尋求協助，因此，他們的訊息就可能會被解譯、判斷，因而可能有機會得到處理或協助，這就是他們「讓人類知道他們存在」的目的之一。

當然還是有頑皮鬼，只是隨性攻擊人，或是像我開始學習後一陣子，我會忽略、無關乎痛癢的「攻擊」，即使被攻擊也不會打開天線與他們溝通；但如果你在捷運上，脖子被手刀狠狠劈了一下，你還是會打開天線罵他髒話的！超痛的，人都被打歪一邊了！

至於那種惡意要上人身、惡意攻擊的阿飄，文中會有提到，至於處理的程序手段，只好求教於你信任的老師了，千萬不要自己隨便處理。

「碰到阿飄怎麼辦？會有什麼症狀？」

碰到阿飄，一般人是沒有任何感覺的？

NoNoNo!

你有沒有常常去了荒郊野外、山裡海邊、廢墟棄屋之後，可能也沒做什麼事情，但忽然有精力、體力完全被抽乾、掏空、吸乾的感覺（像忽然沒準備、沒熱身、馬上用比賽速度跑完百米之後，停下來彎腰抓著膝蓋喘氣的那個感覺；表現在每個人身上的狀況並不一定相同）？忽然累得半死的疲憊感襲來？突然好像幾天幾夜沒睡、都在熬夜？忽然頭痛？頭暈目眩？噁心想吐？乾嘔？心跳加速？胃痛？耳鳴？喉嚨痛？咳嗽？

你不是感冒或中暑，是有阿飄非常靠近你，你又體質較一般人敏感，再糟一點，可能你被飄飄吸乾了……你都還不自知。

這時候，多數的人會安慰自己說：我一定是昨夜沒睡好、這幾天都熬夜、早上只喝咖啡沒吃早餐、工作太忙、壓力太大、心情不好等等藉口，殊不知，這常常是你的身體在反映這樣的相遇和磁場，往往，症狀都不是空穴來風，第一個反應的狀況，通常都可能是你五官、五臟六腑中最敏弱的部分：舉我自己的例子，以前我會咳嗽咳得半死、咳到乾嘔掉眼淚、有時候會有頻率或聲響敲進耳朵（聽見聲音）、我的腸胃也不是太強壯、頭也常痛，因此，總是一年三百六十五天都病懨懨的樣子，真是有負我「仙姑」的名諱！我總覺得仙姑應該要像曲×瑞小姐那樣，高頭大馬、聲若宏鐘、氣勢萬千、萬夫莫敵的樣子，這樣說話才夠份量、有可信度……

「我是（像）男生、我陽氣很足、我八字很重，所以不會碰到阿飄！」

喔喔！不是這樣的喔！

據本人一直以來的研究，目前只碰過兩三位八字比我重的（怎麼算八字重量，請洽谷歌大神）。至少，我的經驗證實這不是絕對條件，八字輕重和會不會碰到阿飄，似乎沒有絕對關係；但八字很輕的人，是否有比較高的機會可以接觸到？也煩請請教谷歌大神！至於男生們老是沾沾自喜的「陽氣」，到底是什麼呢？中醫認為：「腎是人體最重要的部分，是陰陽的根本，生命的泉源，被稱為「先天之本」。腎內藏有元陰、元陽（即腎陰、腎陽），腎陽，（又稱元陽、眞火、眞陽），即腎的功能與熱力方面，為人體陽氣的根本。」講白話文就是：「陽氣就是腎氣，有陽氣人才有溫度，有腎氣人才能活著。」再引經據典一下，《素問・遺篇本病論》中，有說道：「黄帝曰：人氣不足，天氣如虛，人神失守，神光不聚，邪鬼干人，致有夭亡，可得聞乎？……陽氣為神，陽盛則神全。陰氣為鬼，陽衰則鬼見。」＊看懂了，沒有陽氣，身體虛寒、五臟六腑發生疾病，而且容易見到阿飄。

我喜歡用一個例子來簡單說明（僅單純舉例）：男生的陽氣較充足，像是一個二公升的寶特瓶裝滿一百度的熱水，而女生的陽氣，大概約三分之一至三分之二瓶，當接觸到這些較陰寒的事物（我們不要說「東西」啦），因為，他們是冷的、陰的、溫度較低的，當接觸之時，溫度要達到平衡的時候，誰會先感受到？

對，女生！所以才說女生要多曬太陽、補血、補氣，好好做功課，好好照顧身體，補充陽氣。所以，我兜了好大一圈，就是要說，男生不要太鐵齒，當你覺得不舒服的時候，已經有點嚴重了。

「妳跟阿飄怎麼溝通？國外有阿飄嗎？妳怎麼聽得懂他們講話？」

跟阿飄溝通是需要學習或是能力被開啓的。

老師的教導是：「每個人的靈魂都有這樣的能力（或本能），只是在這一世需不需要，或有沒有（被）開啓。」而我應該是在某個時間點，開關被扭開了，而且聽說我的靈魂之前都修習得還不錯，記憶也還留存得挺好，只是像累積很多年的文件夾，這輩子要重新整理一下。

溝通的部分，基本上，我們都是用「腦波」傳遞，只要雷達是打開的（功力夠可以啓閉雷達），基本上，是可以隨時收到他們的訊息與訊號（對，耳塞塞了還是聽得到！就像耳鳴，但形式有所不同），大部分聽得懂，有時候也會有聽不清楚或不了解的。

＊ 中醫原理：http://www.shen-nong.com/chi/principles/kidneyyinyang.html

舉個例子，大家看過《X戰警：未來昔日》嗎？其中有一個角色，和金鋼狼他們進到一個蛋型的實驗室，然後就可以聽到無數的人同時說話的聲音；或是，總看過金．凱瑞的《王牌天神》吧？他代替耶穌變成天神，每天要聽到上億的禱告……這樣容易想像了嗎？基本上就是那樣的場景，我指的是「聽」的部分。

（國外，絕對有阿飄，請見後文「世界各地的飄飄」一章。）

透過腦波的話語，都建立在翻譯的基礎上，不管是哪一國飄，除非他不想、不願和你溝通，不然是都能夠了解他們想說的話的。自然而然，學習如何關起耳朵以及雷達，也是我們這一類人的重要課題。

題外話，你我可能都在路上有見過自言自語、對著空氣講話，或是小朋友說看到不認識的人之類的狀況，師父說：「跟我們一樣的人稱作『佛靈子』，但是有一類人，他們的能力被開啓，卻可能因爲不知如何運用、不當的使用、未妥善的處置、沒有機遇、沒有碰到對的導師正確指導，因此走火入魔或迷失心智，所以，很多精神病患者就是這樣的狀況，處在『妄想症』的窘境下，又沒有人可以幫忙，是很可憐的！」

◎其他相關的一切

聲音

我聽得見，但你不一定聽得見。

我常常說「空間」有「聲音」，你聽得見嗎？

二〇一五年，尼泊爾大地震，千年的古蹟瞬間化爲一片瓦礫，珠穆朗瑪峰及附近的登山名所也因地震引起雪崩，許多當地擁有資深嚮導經驗的雪巴人，都因此長眠於高緯雪堆之中；之後，有些媒體報導指出，雪巴人因爲熟悉自然，終生終年都和珠峰相處在一起，對一些洞悉大地的雪巴人來說，他們可以聽見山脈的哭泣、河流的嘆息等危險的訊號，尼泊爾人稱這叫作「Kanrunu」，意思是「哭泣的耳朵」，更具體一些的形容，某些雪巴人可以聽到高頻的嗡嗡聲，特別是有危險時，因而有機會逃過一劫。

具備地震感知能力的聯覺人

我有一個朋友Z，也是個非常「有趣」、「好聊」又「值得觀察」的人，他可以「預測」地震。

準確一點說，是科學上已證實過的「聯覺人」，也就是身體的感官可與大自然連動！

說「預測」是神話後的說法，但基本上，是經過五官，聽、聞、見自然現象的改變，Mother Nature傳遞出來的內裡的訊號，經過經驗和後天的多次反覆驗證與學習，來判斷信號，也就是藉以判斷地震發生地的規模、位置、時間，Z會默默地Po在臉書上，簡短有力不失準確：

二〇一五年十一月八號（補充，凌晨四點零三分），正要去7-ELEVEN的路上，風的顏色變了。

四天內國外某地九十五％會有地震，台灣五％，發生在國外可能會有規模六．一左右，台灣則大約只有五以下，除非靠近台中，我才會誤判。這是記錄。

Z總是寫得簡約，接著大約在四天內會發生地震，順著文字貼文下方，臉友們會戰戰兢兢地把地震的新聞截圖貼上：「四天內」。

一天夜裡，我纏著Z，要他具體說明他的「神力」，同時，我以他的敘述形容句，在Google上找出類似的圖片，藉此幫助自己掌握他的經驗和感受，降低失真：

「我可以看見風、聽見風！」我貼上微微像空氣中羽毛線條的氣流、清淡雲朵飄蕩的圖片，「這是雲，不是風，但風有形狀、很輕很輕的淡灰色、白色。」

「當訊號傳遞過來時，我可以看見風變色了、甚至風會哭，我聽見風在哭。」我貼上一堆類似龍捲風、積壓成堆的深灰色的雲的照片。

「風哭起來是什麼聲音？男生的哭聲還是女生的哭聲？是嗚咽還是大哭？」我插嘴。

「風的哭聲是中性的，沒有性別。」Z說：「我聽到風在尖叫哀號，風的顏色變得很深，那一次，是九二一，那時候我還不知道也不懂這是大地震的訊號。」聽來很遺憾。

「……」

這就是Z，可以看見並判斷風顏色、聲音改變的意義。

「其實，訊號一直一直進來，是無法擋、無法關閉的，我只是選擇比較需要警覺的提醒大家。」Z有點無奈：「以前有被強拉進一個社團，大家無時無刻都在發訊息，變成一種炫耀和惱人，所以我就退出了。」

（編按：很多朋友，會對於輕微的地震，甚至震度一級的都很有感覺，我身邊這樣的人也不少喔！）

回到聲音

我們談「聲音」！

以前，一個美國朋友說：「妳是不是幻視、幻聽有嚴重被害幻想症，要不要去看一下心理醫生？」

「……」

小時候主修廣播，對聲音、聲音模仿（我學蠟筆小新超像的啊）都有一定程度的迷戀，也就是說對聲音有一定的敏感度（以前系主任說我生來就是爲了要做廣播的），常常聽到別人無法聽見的聲音、很多人同時說話的聲音、或你要說頻率也行。

空間的聲音

對我來說，空間的聲音是「I」（英文的i）或「ん」（日文的ん、不是英文的h啦）「C」扁平化的聲音、集中音束、組合成管音流、衝向耳朵的外耳道；具象化一點形容，更像是雷達，在掃描探刺中的雷達，或是聲納。

常常有「東西」靠近，不同的頻率會振動耳膜，有時是以咚咚咚相異的節奏敲進來（這時候我通常會找地方閃）；有時候像非常高頻的耳鳴（類似玩過聲音赫茲的遊戲，年紀越大，越聽不見超過某些高頻的聲音，測驗中我可以聽超過兩萬赫茲，還很輕鬆，但媽媽就聽不到了，這只是具象化的參考），進到耳裡會有點痛，而現在是長時間都維持高頻，靜下來要就寢的時候是很干擾睡眠的；所以，我曾經在FB上敘述，聽見電流、老燈泡的燈絲通電聲、「嘎爪」在紙面上爬行的聲音等，也就不奇怪了（上班時我也常大聲問說：「剛誰說了×××××？」或是聽到別人耳機裡的音樂，或是聽到外面人電話會議的內容……等等，也就不足爲奇了）。

在進入二〇一二年低潮期前期，我在半夜聽到的是嗡嗡嗡的蚊子飛舞聲，夜夜不歇，我很生氣，夜裡都會不斷開燈想抓到牠。接著，我陸續聽到有人或是人群的說話聲、唱歌聲，聽得懂的少、聽不懂的多，偶爾還有樂器的演奏聲……我一直很生氣，以爲是隔壁水泥牆那頭的鄰居天天夜半看電視音量又不節制！過了一段時間，我懷疑我是因爲找工作的壓力瘋了，並同時開始掏耳朵、看耳科、直到耳朵都掏出血來。

而最銳利的，不是眼神，卻是左耳，像衛星天線一樣，一直在接收頻率，剛提過了，我的靈魂在向上攀行，左耳收到的頻率也越來越細、越來越高，越來越常像廣播在搜索正確頻率一樣的感受（吵！），當然，不是每個訊息節奏我都能翻譯得出來，也不是什麼祂們都要讓我聽懂，因此，到目前仍是困擾我的！

這還不要緊，過去，我也不斷地會聞到花朵、線香的味道（我們家沒有任何花草植物）、檀香或是混合著沉香、中藥的香氣……這一切困擾著我，我夜裡無法入眠，白天找工作不順利，每天都很痛苦，路上的阿飄變多了，頭天天都痛得快死了……還有很多症狀……讓我覺得走到了世界盡頭。

後來，一個朋友 E 在協助我找到老師後，因機緣去了精神疾病的隔離診療所探病，她笑著跟我說：「妳跟他們都一樣欸！他們都對空氣說話，說他們看得到聽得到阿飄或其他世界的東西……」那時候，我一點也不生氣，反而很高興！

我真的很幸運，得到了很多人的幫忙，才不至於被人錯當成精神病患隔離起來！我神智清明、健康良好、工作也算有進境，一切都是冥冥中自有安排，走過死亡的蔭谷，才能得見拯救我的雙手。

地界

如果夠敏銳，地界就很容易能夠感受出來。

某天，帶著小禮物要到淡水給以前熱絡熟悉的師父師姐。搭上捷運，想起以往的敏銳度，是那種行經不同「地界」、會有感覺跨過門檻、室內戶外或是站在信義區一〇一裡和野柳女王頭（是誇飾法的形容），就是到了另一個人的管區的感覺！這個感受在跨過關渡橋，靠近自行車道最明顯，北投機廠也挺有感覺的，可以感覺溫度不同，空氣密度有差異。

但那一天，反而地界不明顯了，我聞到對向捷運列車進站時煞車金屬輪子的摩擦味道、走進老街，是炸油反覆又炸的濃膩油味、廣場旁小碼頭停著的小船浸在水中發朽的氣味……我自己都覺得奇怪，因爲色聲香味觸法、眼耳鼻舌身意裡，我最不細緻敏感的，就是嗅覺。我還常因爲空氣污染、灰塵太多過敏，而暫時失去聞嗅的能力，但我卻也常聞到人身上有消毒水的味道、青草的味道，夏天的可怕汗味就別提了，閉著眼，我也可以聞到老人家進到捷運車廂的味道……至於是什麼？就不得而知了！

Something's Funny

感應失誤？感應的過程中，也會有一些好笑的片段，提供大家笑笑。

照片裡也有阿飄

其實並非感應失誤，而是畫錯重點。

山上。

師姐們感情都非常好，也會互相幫助，尤其是在誰又掛了、不舒服的時候，總會和師父一同伸出援手。

連姻緣也是。

大家都忍不住要伸手幫忙我，拉一把、介紹一下。這種心(ㄒㄧㄣ)思(ㄙㄨㄢ)，我懂。

一日，工作上令人肅然起敬的V師姐，興匆匆地，在FB上問起我的感情觀，我簡略地回答了，師姐可能對我的答案感到滿意，於是，提示我她即將傳送一張照片給我。

「既然妳有興趣，這個人是我要介紹給妳的，您瞧瞧！」師姐語氣都興奮著。

我略微心不在焉地用滑鼠打開照片！

Click。

橫Cut，一座寬闊的牧場，一個人站在柵欄前，全身照、白色polo衫、藍色丹寧。

「哇！」我只打了一個字回覆。

也只能這樣回覆。

「怎樣？不錯吧？五官端正，是藥師，個性也不錯啊！很顧家。對我的孩子也好……工作認眞，人也隨和……還滿幽默的！只是工作場合女生比較少……」師姐連珠炮似地回應了我一大串！連字都在笑。

「這是哪裡啊？」我迅速發問。

「妳喜歡呀？」

「太好了！這是個農場，以後說不定有機會帶妳一起去走走！很廣闊舒服對吧！……」V師姐沉浸在美好的形容詞世界中……

「……後面好多阿飄啊！」

我劈哩啪啦打字回覆：「這是哪啊！以後別去了……這麼多阿飄，妳們不會不舒服嗎？」我嚴肅地把臉湊到螢幕前、以十公分的距離檢查辨識著……

「囧！我是要妳看我哥欸！不是要妳看阿飄欸！ORZ」V應該在螢幕那頭崩潰大叫！

「啊不是要看阿飄的喔！後面眞的很多欸！跟草原一樣一望無際欸！……」

「……」

除了阿飄還能感知人的性別

晚上，朋友來詢問工作和感情的事。

問到工作。

我：「我感應不出你老闆男的女的，平常我很能清楚分辨……你老闆男的女的？」

友：「呃！……也對啦！她是女的，可是是男的……」

原來，我這一行也會有這樣的（感應）混淆問題啊！

第二章　奇幻之旅

摒除對「修行」的刻板印象，「生活」其實就是「修行」。

◎了解那個世界的大略樣貌後，就可以開始探索這奇幻的旅程了！

飄飄故事初始篇

認識我的朋友們，都一直誤以為我外向活潑、誇張聒噪、喜好交際，甚至有時可以用滔滔不絕來形容，但其實，求學時代，我都一直是乖乖安靜、自閉內向又孤僻的小孩；拚命寫詩寫詞，因為寫得好，作業簿上常會被打上象徵厲害的三顆星星……（愛離題）。

懵懵懂懂時期

其實，我不像多數通靈人，小時候就已經成才，七、八歲就開始問事、工作（我們稱「辦事」，白話文就是「幫神明工作的人」），或許我問過媽媽奇怪的話，但已經記不清了！唯一記得的是小學二、三年級時，我就不斷夢到一片綠色的山、土黃色泥濘的坡道、一片大廣場、四周像是一個充滿繩索枕木交織的營隊訓練地，夢裡是以第一人稱的主觀視野觀察周遭環境；我一而再再而三的重複夢見，但不知道意義爲何；某個暑假來臨前的一天，媽媽告訴我她幫我報名了夏令營，於是我也就傻呼呼地去參加了。

地點可能是在新竹山中，坐著搖搖晃晃的巴士，灰撲撲的窗，舊舊的綠色合成皮的椅子，可以聽到車體在山路上轉彎扭曲的金屬聲……終於老師宣布快到達目的地了，我矇矇矓矓睜開眼，車子一轉彎，彎上了一個黃泥的坡道，進入一片綠色的山坡，在一個大廣場邊停下，我迅速跳下車，環顧四周，眼睛忽然發亮，「啊這裡我好像來過耶……怎麼這麼熟悉？」再看看廣場一邊的繩索枕木，恍然大悟：「啊！就是夢裡那個地方嘛！」參加營隊的還有住我家隔壁的一位李秀×同學，雖然都是鄰居，但我們沒交談過，她還和我同樣編在一隊上，高頭大馬的她幫了我不少忙。

從此，我就常夢到很多地點、場景，然後很快地就會出現在那個場景中；聽說很多人會有一樣的情況！

另一個呢，是小學時代，教室位在三樓轉角邊間，牆壁一邊就是上頂樓的樓梯和網狀鐵門，老師怕我們危險，也都不准我們上樓。所以我們都會一群人，故意坐在三樓半的階梯上，試圖表現自己的勇敢。後來，便盛傳著鐵門那有阿飄，大家也就更不敢靠近那個樓梯了。

那時候，我們有四個女生，常會手牽手跑到四樓的鐵門前坐著，聊是非，寫詩（小時候就假文青……），因爲不會有人來打擾，更有私密的空間……有一回，打掃時間後小聊完，我慢吞吞地走在後面，那個空間就是個頂樓的樓梯間，窗子關著，覆著厚厚一層灰，鐵網門和鐵門都長時間關著，我卻覺得後面有人，回頭一看，一位先生站那兒，在鐵窗後，眼光集中向上，並不是看著我們……我就莫名地恐懼起來，飛也似地跑下樓梯……

一直到結束小學生涯……這都還是個秘密……

就這樣打開了通往「那個世界」的大門

眞正打開「這道門」，得從大學那一個從遙遠的家坐巴士回學校的夜晚說起。

大學初期，捷運快完成前，交通黑暗時期。

某一年，我選擇住在學校附近，因爲，雖然北投和景美地圖上看來不遠，但每次等公車，都要等到海枯石爛、天荒地老，班次少、人多，一趟都要兩小時，每天早晨瘋狂去趕八點十分的課，眞是要我的命！下課時間也是，如果在社團多聊幾句、多寫幾個句子，稍微晚點，我就沒公車可以回家了，還要拗同學騎車送我回家（我家在遙遠的地方……那時候人緣眞好啊！感謝我的大學同學們），一騎也要一小時，眞的好痛苦呀！因此，住在學校附近，走路五分鐘，鐘聲響再踏出大門進教室，就變成了很令人開心的小確幸。

一個週日，開心地回家吃完飯、領完媽媽的愛心補給品和零用錢，也差不多晚間九點多了，我告別後，一邊有點心急，還是一路哼著歌，往公車站走去。

我家離公車站走路大概十分鐘，沿路巷子的寬度正好是雙向車稍微閃一下可過的距離，但古早時代，沒有 LED 路燈，開了燈還是一路烏漆抹黑，我下意識抱緊包包快步往前走，生怕誤了公車時間，我就得隔天一早五、六點出門上學了！

只差一分鐘我就走到站牌了，左手邊岔路的巷子快速衝出一輛腳踏車，腳踏車上的人伸手抓了毫無防備的我的胸口一把！（當然有包包擋著！）

「啊！」我尖叫（忘記用包包扁他）。

他一溜煙跑了，我的大好心情搞壞了！公車會不會趕不上了？受到驚嚇尚未平復、沒發揮平常凶悍個性追打上去的我，驚魂未定，心還狂跳地往前狂奔，我在明亮大路上的公車站牌下喘著氣；過了大概一分鐘，指南客運來了，我跳上車，心神不定地挑了後排兩人座的第一排坐下，抓緊包包，隔了好一會兒才回過神來。我往後和左右瞄了一下，才發現是我的「專車」耶，都沒人，眞好！

正在沾沾自喜時，公車在紅燈前停下，我把視線從左邊的窗外，移往前面司機的位置，發現一個身穿黃色衣服、藍色褲子的男人，一手抓著直的扶桿，蹲在地上，手一邊不知道在地上找什麼。我好奇地眨眨眼，下一秒，他就消失了！很快到了站牌，司機停下車，上來了三、四個人，我揉揉眼睛，四處觀望，尋找剛剛黃衣藍褲的男人，人哩？遍尋不著！

Oh! My God!

我，剛剛看到什麼了？

從此，就打開了另一個「世界」之門！

Welcome to the world of only we can SEE!

大學番外篇 I

大學，同學家。同學家在桃園中壢一帶，我完全不熟悉的區域裡，老舊的社區中，小巷子旁的三層透天厝，一樓是客廳、廚房，二樓是幾個房間，三樓似乎是書房與陽台。我們睡在二樓朋友的客房裡，房間的空間挺寬大，進門左邊一張單人床、一床上下鋪，成L型擺放，牆上就一扇窗，晚上不開燈，黑漆得伸手不見五指。

我們三個就一人一張床選了就躺下，我選了上下鋪的下鋪位子，很快地入睡，沒感覺到什麼異樣。不知道夜半幾點，我突然眼睛張大地醒來，在全黑的房裡搜尋著光影或動靜：看看上鋪，沒什麼動靜，往右邊看單人床，同學也睡得好好地、呼吸聲均勻，冷氣也轟轟轟地運轉著；往腳邊一看，媽呀！明明就烏漆抹黑的房中，卻清清楚楚楚見到，一個像電視恐怖片裡的白衣白裙的女鬼，「站」在我腳邊床板前，黑髮長長地、參差不齊地垂散著、遮住半邊臉……一隻大眼直直地盯著我看……我和她對看數秒，大叫出聲：「救命呀！」隨即把薄被蓋住整個頭，當鴕鳥一樣試圖磨滅她的存在，一直躲在被子裡發抖……害怕中，竟也默默地睡著了。白天醒來，我還不敢張開眼睛，偷看了半天才敢正眼瞧向床邊！「呼……」我吐了一大口氣，也不敢東張西望，快快摺好棉被、換好衣服就往樓下衝。

同學把事情告訴了媽媽，她媽媽倒是很鎮定：

「喔！她本來就在我們家！是被妳看到了！」

「……」

從此，我們也沒再去過這位同學家。

大學番外篇Ⅱ

每個學校似乎都有些「精彩」的故事！

小學說是日據時代的墓地或亂葬崗、中學說有修女蓋被、再來有校長打招呼等等，其實也用不著害怕，它們有的在那裡永遠了、有的只是要吸引你的注意而已、有的太無聊想作作怪……

學校依山傍水，一棟大樓四層建築，除了老師爬到四樓，其他都是教室，平日六點後安安靜靜、漆漆黑黑，也沒人想多待一下，平常也冷冷清清。

一個冬晚，五點四十分，天已經暗下，我默默從一樓系辦被抓到四樓教師休息室繳作業，從一樓拾級而上，一片悄然無聲，大家都下課了，教室都沒半個人影，我有點害怕，心裡想著快步上樓、快快下樓；跑到快到一樓，忽然發現一樓樓梯邊的教室燈光大亮，覺得正奇怪，探頭一看，哇！怎麼那麼晚了，還有滿教室的學生在上課？每張桌子都有顆頭欸！

只有頭。

忘了說，都在桌子上。

第三章　見聞

瑣碎的，但又息息相關的。

◎夢

開始各場所的親身體驗前，先感受一下很無影、無形、莫名其妙，但會讓身心陷入恐懼的小事件！

恐懼達到最高！

每個人夜裡都會做夢吧？可能長或短、彩色或黑白，夢境極其短暫或感覺冗長，也或許還有夢中夢，甚至像連續劇般的，醒了又入睡後再度上演……

佛洛伊德在《夢的解析》一書中提到：夢的第一個共同特徵是，我們做夢時都處於睡眠狀態。夢的第二個特徵是難以精確掌握及言述；第三是夢的象徵作用。

中國也有所謂的「周公解夢」，解析夢的內容與相對應的象徵意義。但對我來說，夢境與解夢是一體，我可以經由對方的夢境，判斷即將發生的事情或是象徵。例如，有一次，一個師姐P，娓娓道來一個她連續做了幾夜的夢，夢中是她參加一個華麗的遊行，美麗的花車、長長的隊伍，有七個精靈或仙子之類的圍繞飛翔。師父又笑笑，轉頭看我。

我頭幾次見這位師姐，她有溫柔的臉龐、堅毅的嘴角，動作溫和，說話聲音柔柔的，我對P的背景完全不熟悉：「不好意思，師姐，您是不是懷孕了？」我對自己吐出的話語也有點訝異。

「呃……」兩個人都睜大眼看我。

過了一兩週，果然，聽到師姐的好消息。

這是一種，據我不專業、非心理學的說法，是我能解釋夢境的意義或寓意。

夢對我來說，還有一種暗示，應該說「明示」：例如，我若是白天在某些地方，或常常自己去散步而走到雲深不知處之處，我也沒有注意到周圍的磁場，或是阿飄的出現，晚上，它們就會在我的夢中出現，不一定具傷害性，但在夢裡就是知道他們的存在，也看得到他們的形體，動作或許有意義；一醒來，我就會知道我昨天落掉了什麼，甚至會做功課，檢查一下是否有傷勢。現在會聽從老師的指導，不理它。

過去，也有常常被困在一個水泥房子裡，窗子被緊閉或是被鐵窗環繞，然後我被無數的鬼、蛇（我人生最害怕的東西）緊追不捨、害怕、逃避、奔逃，拿任何手邊的東西阻擋他們靠近的夢，這時候，雖然在夢裡非常恐懼慌亂又害怕，但是，我了解這是心態、生活與壓力的反應，這時候的阿飄，就不會那麼可怕，當然，是我醒來冷靜之後，才慢慢了解。

到後來，慢慢學習與經驗（工作與修行）累積之後，夢境已經變成我在牆外，而我畏懼的東西在牆內屋內，雖然隔著一面薄薄透明玻璃在外的我，還是驚嚇得不停顫抖，但是，已經日有進境了，也許未來，他們就不能再困擾我，我也不會再因爲他們而驚嚇害怕了。

說了半天，「夢」到底是有什麼恐怖的啦？妳已經賣了一千字的關子了！別再盧了！

好啦好啦！

還有一種，就是「夢境成眞」！我可不是說「美夢成眞」喔！

又分為夢境重現（請參考「飄飄故事初始篇」），就是夢中的地點、環境，在日後出現發生，這我聽過很多人都有相同的體驗，這裡就不贅述了。那另一種呢？

夢一

這一種，我也莫名其妙的，默默地，就沾惹上了！例如，「冥婚」。

什麼？是！我也是一樣反應，前方還補了一句英文髒話WTF！到底是怎麼回事呢？

某天晚上，我睡得不是很安穩，然後又開始做夢：夢裡，我走到了一個黑色的地方，大約是個小廟宇，廟裡很昏暗，只有紅色的燈光，幾乎伸手不見五指。夢裡的我摸索著，走到了廟宇的中央，正中放了一個小方箱子，正面打開，發著紅光。看到那盞紅光，夢裡的我突然忘掉恐懼，小心翼翼地走過去看，箱子中央擺放著一尊神像，左右兩盞紅燈，前方擺著一個小籃子，籃子下方有個紅包袋，我超級好奇的準備伸手想看看紅包袋，拿起來還不要緊，一把紅包翻過背面，左右列著兩個人的生辰八字，一個是誰的我不清楚，我照著讀了一遍（後來嚇忘、氣忘內容了！），左邊也照著念了一遍，怎麼這麼熟悉？×，這是我的出生年月日和時辰！這到底要幹嘛？我開始發怒，忽然一個聲音傳來：「×××想要跟妳冥婚，妳若是答應，就帶走紅包袋！」

「靠靠靠！我不要我不要！」夢裡的我歇斯底里地大叫（請原諒我的發語詞，真的嚇傻了），丟下紅包就跑！現實裡，我也害怕地醒來，一身冷汗！

隔了一週，才和老師有約，那一週我真是忐忑不安，生怕這個傢伙又來騷擾我！直到到了台南，見了老師，話還沒說完，老師還故意哈哈大笑說，「妳太可愛了！人家喜歡妳，還眞的想要冥婚，妳要不要考慮一下？」我又尖叫的大叫不要不要！老師呵呵笑地領我到四臂觀音像前，「既然妳不要，我請菩薩把他帶走！妳別害怕，沒事了！」老師在打手印的同時，我有感覺到一個黑影在我後方被拉走、抽走，也覺得比較輕盈了！

至於是爲什麼會惹上這種麻煩事，老師說我是在山裡遊玩的時候被跟上的，唉唉唉！下次還是乖一點，別晚上到處亂晃了！

夢II

不只如此，另一個例子，也是讓我一聽到消息就嚇呆了！十月三十一日凌晨，我從夢裡慌亂到夢外，因爲，在夢裡，我夢到了不可思議的事情：墜機，夢境是這樣的：夢裡，我住在京都塔旁邊的飯店，和妹妹一個房間，忽然，一架飛機撞上了京都塔，半個機身橫跨在我房頂，房間有雙面採光的大面落地窗，所以很清楚的可以看到發生何事，還看到京都塔上有人在揮手呼救，我準備衝出去尋求協助！此時，機身的重量和撞擊力道，讓鋼筋水泥的屋頂也撐不住了，天花板開始龜裂，石塊紛紛搖晃震動就要落下……我拉著妹妹往外狂奔逃難，不時向後看剝落掉下的鋼筋和泥塊……後來碰到了飯店指揮與救難人員，他們竟然還問我我在哪？我是誰？我大聲的說：「我就是我，我怎麼會不知道我是誰？」

再度從噩夢中驚醒。

清醒後，我心裡頻頻發毛，我才在準備去京都賞楓的行程，才正搜尋飯店和確定行程，才正想要住在京都塔附近！這個夢在暗示什麼？

晚間，和朋友聊天聊到這件事，當天，我並沒有留意任何國際重要新聞，朋友看完我的信息，傳來一個驚嚇的表情符號，以及一張新聞截圖：

「莫斯科時間十月三十一日早上六點五十一分一架載有二百二十四人的俄羅斯客機在埃及墜毀！」

◎場所

工作中四處東奔西跑，也常常有機會和飄飄們，或比飄飄們厲害的東西打照面。

基本上，他們都是比較低（等）的靈，也就是比較智慧未開、身處混沌的飄，所以常常在空間與空間交界處，就被我們看見、遇上；當然，也有頑皮飄搗蛋飄、飄來飄去的飄、因故無法離開的飄、當然也有因人爲而至的飄（如招魂等儀式）等，雖是這麼說，但，我不犯飄，飄可不一定不犯我喲！

接下來，要討論的，就是比較惡意的飄！

當然，惡意飄也分等級，傷害大小與嚴重性也有分別：低等飄也許只是讓人短暫受到驚嚇，不一定需要處理（如果身心沒有不適），但若不小心碰到惡意、有攻擊性的飄的話，一定會「超有感」，也意味著身體或是本身的靈魂極可能損傷，或是致使你遭受外物的影響而受傷（如在高速公路中間忽然看到飄，因爲驚嚇閉眼或緊急煞車造成的車禍等），這時候，拜託請迅速洽詢你的上師、老師處理，並努力修復，避免留下長遠的傷害！

爲什麼說「長遠的傷害」或「餘毒」？

因爲，這些無形的傷痕，不處理乾淨，是都會有「殘留」的。接下來幾個例子，都可以看到這些殘留的影響。

辦公室篇—

某一天，我和老闆一行三人，前往城市邊陲的某公司開會。

這家公司規模超大，老闆的一言一行總是萬眾矚目，也是媒體焦點；辦公大樓因爲人多事繁，也就散落在鄰近的各區裡，今天來到的是會議區域，和客服區連成一片。

介紹地理環境：

進門右手邊就是多間會議室，都是白牆、霧面玻璃、連成蜂窩狀，每間都有長桌，但空間都不大，坐進六、七個人，就幾乎大門都已經開關困難，何況還要架設投影機！我主管又罕見地拿出筆電放在桌上，位置正好對著我，因此，右手邊熱呼呼的布滿機器裝置，左邊是玻璃牆；整體上空氣不太好，會議室外是走道，還沒上班的客服區域燈沒開，走道暗暗的，每次來都覺得布滿灰塵，讓人忍不住想咳兩聲。

雙方討論了一陣子，對方霸氣的主管翹著二郎腿說話，我微微不是太專心的看著對方的嘴唇開開闔闔（人開會還是得講重點的好嗎？我們都知道你在老闆跟前是大紅人……火火火火火火……）。又隔了一陣子，我環顧會議室，看大家都「敬畏地」偷偷滑起手機來，我憋嘴偷笑，假裝轉頭看看螢幕，忽然，覺得背脊微微發涼，還以爲是冷氣被轉強了，下一秒，立刻！感覺一個「人」站在我「背後」（別忘了我背後大概十公分處就是玻璃），他的磁場不像是一般阿飄的磁場，強大許多，而且是完整的人的樣貌、我並沒有在同時覺得特別寒冷……正當心中滿是懷疑，說時遲那時快，它冰冷的手刀穿過我的背心、穿透我的肋骨、伸進我的胸腔、用手抓起我的心臟，用手指「揉」（台語中的「惢」更可以表達出那種感受）！

（可以想像那個握心臟的畫面嗎？）

我頓時痛得彎腰趴在電腦前，應該是雙眼睜得爆大，右手壓按著心臟，試圖想要止住疼痛，失去思考能力半秒後，我恢復理智，假裝低頭幫老闆看電腦接線……但那種被捏了大腿的瘀青痛感緩緩散開……忽然會議停下，老闆要我去幫他出席另一個會議，我點頭，衝出門外；跳上計程車坐定，打開手機，才發現我臉色發白、嘴唇發紫，感覺心臟很冷、人溫度很低，心臟好像被包了厚厚保鮮膜、跳不動的感覺……只好在會議結束後，衝去找老師。

修復的過程，也是點起香，乖乖在地藏王菩薩面前坐下。祈請之後，慢慢慢慢身體湧進一股暖流，接著神奇的事情發生了，我覺得地藏王菩薩知道我的痛苦了，我感覺到祂緩緩在我背後伸出雙手，「又」伸進我的胸腔，但這次，我沒有覺得痛，也不發冷，反而覺得很舒服；祂的手很溫暖，包覆我的心臟，熱流充滿了心臟的外壁，慢慢擴展深入到心臟裡（後來我都笑說是解凍豬心的過程），心臟緩緩的熱起來，也覺得好像比較有力氣跳動了！可惜我坐不住，似乎沒有完全完成，我就因爲腳麻出定，但是這個神奇的印象，到現在都還記得……

事後和朋友說起，才聽說，那是個長居在那的小神，不是地靈，所以力量才那麼大……後續，我打坐做了幾乎一兩個月的功課，才感覺稍有起色。

直到現在我還是常常覺得心臟無力、心臟弱，都是因爲這件事……

這就是「殘留」。

辦公室篇Ⅱ

別拿著我的履歷對號入座啦！

某公司。

公司有數個樓層，總有客戶關懷團隊二十四小時輪班，所以永遠都燈火通明，而沿著窗邊是相連的座位，我的座位在角落，所以，可以環顧全場，看得到大家的表情，誰離開座位、誰坐下、誰跑去誰的小方格聊天，都一目了然。

一天，我往樓下的接待區樓梯走下閒晃，接待區的設置，就是兩層樓高、大片玻璃形象牆，牆前是接待台，正前方是電梯，左前方和右前方則是男生和女生的洗手間。就看到兩個「男生」一人一邊，躲在電梯兩側的洗手間外的盆栽後方，其實也不是小男生，就四、五十歲模樣，我頓時明白了他們不是客人、不是快遞……

「好吧！我知道你們本來就在這，我不吵你們，你們也不要靠近我！」我放出腦波訊息，「不回應我就當默認了喔！」於是我們開始了互相感應到、但兩不相干的日子。

又一天，總機急急忙忙跑來，一臉嚴肅地、很認眞地問我究竟在辦公區看到了什麼？我乖巧地據實以告，聽完之後，她臉色大變，說之前請老師來看，說得一模一樣！

自此之後，她每回見到我都投以可怕的眼神，哈哈！

某個晚上，我加班到十點多，爬起來晃晃、伸伸懶腰，卻看見一個傢伙跑進一個女同事的座位上，背對著我，按著她筆電的鍵盤……剛巧這陣子同事老生病……還在住院。

辦公室篇III

曾經，在一個只要一提到就人人稱羡的辦公大樓上班，它是出了名管制森嚴，動線複雜，因此，應該也能說是安全性最高的大樓，是城市的地標，也是觀光客的最愛，至於是不是阿飄的最愛？我就不知道了。

辦公室位在三十幾層樓，剛搬入時，都覺得美麗的玻璃帷幕，可以幫助我多看看窗外，讓眼睛多休息，但誰知道，除了看窗外有沒有下雨之外，根本沒有時間望向窗外。先說一下辦公室配置，有內外兩間，中間有玻璃與門相隔，但門都維持開啓的，除了手機上的行事曆外，我們會把行事曆標在玻璃牆上，有時一面是行事曆，另一面寫滿開會的討論內容，整體看來就像天書，也很有趣；有一陣子，大家忙到昏天暗地，背上的玻璃行程寫得密密麻麻，活動和業務都進行得很順利，每天就是一早衝到公司，晚上十點、十一點回家，生活很忙碌，塡滿了會議、通訊軟體，但是每天都覺得很充實、愉快，雖然疲倦和勞累會堆積，只要週末和朋友見面喝咖啡、聊是非，固定按摩消水腫，倒也愜意、穩定，心境安定平和。

某一天開始，我大概都十一點才離開辦公室，回字型的走廊，只有茶水間的燈亮著，我一樣關好門，事先叫好計程車回家，和平常一樣，洗澡梳洗，上床就寢，也沒有什麼異樣。但某個早晨，被鬧鐘吵醒後，忽然覺得很難過痛苦，心靈上有種無力沮喪，看著手機上的時間，忽然猛地就將手機丟開，開始找房間裡的剪刀，爲什麼？

因爲我忽然很想死，想自殺，非常絕望，覺得活著沒有意義，對！就是當下！我當時想要馬上死！

（珍愛生命，請再給自己一次機會：安心專線 0800-788-995、生命線 1995、張老師 1980。）

當我找到剪刀，準備行動的時候，每九分鐘的手機鬧鐘又響了，我撐起一身負向感覺的身體，整理整理，還是衝到公司上班，同時，一整天都充滿著低落、不滿、憤怒、悲慘的情緒，我盡量努力不說話，控制心情，才不會開口就罵人，也打算早點下班，迅速去找老師！因爲，我心中升起一絲絲不安的感覺，這一段時間的狀況挺好，怎麼會忽然這樣呢？

中午的時間，我竟然忍不住，四處查看玻璃帷幕，是否有除了逃生窗外的任何窗口！摸著冷冷的玻璃，我眞的覺得事情不對勁。

下班。

飛也似地跳上小黃，衝到道教老師家，我才到，老師已經站在門口等我了。

我還沒張嘴敘述我的狀況，老師就把我拎到一張板凳上坐著，要我坐直、坐挺、放鬆，我才挺直背脊，完全沒有心理準備，老師就抓著我的肩膀，彷彿用盡全身的力氣一般地用力地往我背心拍來。

「哇！」我似乎發出很大的嘔吐聲音，整個人往前倒，差點摔到地上。

「再來！」老師拉我坐正，但我覺得我的背應該已經瘀青一大片了。

「啪！」老師又一掌打來，我咚地摔下椅子，跪在地上，抓著胸口乾嘔，嘔得我一把鼻涕一把淚；過了幾十秒吧，我稍微止住噁心，轉頭看老師還跨步定在原地，我虛弱的說：「還要拍啊？」一臉涕淚縱橫。

老師點點頭。

我狼狽地抓著椅子爬起，坐好。

「嘔！」這一掌打來，我只能跪在地上乾嘔，嘔了一陣，低頭抱著，趴在自己膝蓋上喘氣。

老師等我休息了一下，遞來一杯神桌上供的茶水，我咕嘟咕嘟地一口灌光，慢慢，可以站起來了。

「妳辦公室那個，是位老先生，要抓交替*的！」老師慢慢啜了口茶；「偏偏你們那裡，他只看中妳，而且，跟了一陣子了，就在等妳沒有防備，比較容易一舉成功。」

我瞪大眼、張大嘴，一臉不敢相信。

「妳也應該一覺得不對就來找我，竟然還可以撐一天，還能去上班，算妳命大。」老師笑笑。

「好啦！下次知道了！」我搔搔頭。

妳確定還要「下次」嗎？

辦公室篇Ⅳ

某某公司。

這個辦公大樓算是老舊的大樓了！

只是地理位置頗佳，外觀上看來還算得體。我們的辦公室在接近頂樓的樓層，處

＊「抓交替」：民間說法，抓替死鬼之意。

處是全黑裝潢，但處處也都有華麗巴洛克式的鍍金雕塑，天花板上懸著數個水晶的吊燈，茶水間、走道，是個迴字型的設計；這個辦公室非常有趣，回字型的一半空氣很輕盈、乾淨，另一半則非常沉重，走在其中，會覺得好像走在北京的沙塵暴裡，常常雙眼霧得看不清；小冰箱旁邊是會反光的美耐板牆，連接娛樂室，講了半天，到底要說什麼啦？

對啦，要說的就是地靈啦！

躲在茶水間冰箱牆裡（就是剛提的黑色亮面美耐板）的「地靈」，他大概在那幾十年了，很討厭我們這些住客來回開關冰箱、洗手、聊天的吵鬧，那一區因爲他也總是特別冷；一開始，我發現他的時候，總是咳嗽，他都非常不耐煩地釋出我感覺得到的磁場，來讓我知道他的煩躁，我每天拿鮮奶泡咖啡都要被打一下、敲一下、刺一下……然後他會碎念趕著叫我出去，我也會用腦波對罵：「幹嘛啦！我只是來泡咖啡，馬上就出去，你很難相處欸！」這樣的場景與對話，足足有幾個月之久，無論我進茶水間幾次，他的反應都不太友善。時間久了，可能因爲我換了老師，學習方法改變，他慢慢慢慢不再欺負我，從碎念的傢伙，慢慢減少與我的對話，最近這一陣子，已經只是冷冷地斜眼看我，但是還是希望我不要太靠近他，我也只會懶懶地回應說，「我要出去了。」

有一回，朋友J帶著小朋友來探班，小朋友超可愛的，白泡泡幼咪咪，眼睛大大、睫毛長長的四處張望，一出電梯，高高興興的笑著，伸出雙手和逗弄他的我們要手裡的糖果，我們想茶水間有足球台、有大沙發，還有Wii，他可以爬上爬下的玩，我們也可以來杯咖啡聊聊天，一行人就往茶水間走；但是，當我帶著他們一走進茶水間，這下不得了了，小朋友還沒踏進茶水間，就大哭著指著外面要出去！眼淚一大顆一大顆像斷線的珍珠，臉都哭到脹紅，不想要在這裡！

我和J以及同事面面相覷，一時之間不知如何是好地釘在原地，J是聽我說過這件事的，只好趕緊一行人又衝出門口，走到電梯邊，這時候，小寶貝不哭了，眼淚收了，回復正常，又開始想玩要糖果了！

J看看我們，我和同事互看了一眼，抱著手上握著糖果呵呵笑的小朋友又往回走，J也由著我們嘗試了第二次，把小朋友抱著、哄著走回視聽室，但小朋友只要靠近茶水間門口，無論如何就是大哭大叫，說什麼都不肯再走進去，指著電梯就要離開，哭聲越來越響亮……我們只好和他們說再見……

寶貝，我知道你也看到那個傢伙了呀！

辦公室篇V

雖然我始終尋尋覓覓不斷找尋答案，十多年後才和機緣遇上，中間也被騙了錢，或是四處尋找老師徵詢未果，但是很幸運的，聽說我的靈魂乾淨單純且強大，所以一旦手握鑰匙，就能陸續解開關卡，一一破關，通過考驗；這些日子以來，我也很幸運碰到很多人對我非常好，在需要燈光指引的時候，帶來一盞光亮。

今天說的是一位美麗勇敢、心思感受敏銳、意志堅強的師姐，她的公司的「小」故事。

美麗的姐姐是公司的經營者，做的是點石成金的新科技，當然，總是辛苦點——身體、心理上。

聽說美麗姐姐身體不太好，一直想見沒緣得見的我，一天聽到了個壞消息，就是姐姐的辦公室失火，設備都燒掉了，那段期間也有些不順心，身體也不太好，還有些家事困擾，老師急匆匆的拎著我往姐姐辦公室衝。

一上樓到辦公室門口，我就忽然頭超暈，似乎有股力量不想讓我進門，老師扶著我坐進辦公室，一個大大的辦公桌，旁邊一個儲藏室，看完環境後，兩個人都轉頭看我，我只能回答，有三個地靈在吵架，所以才這麼不得安寧，我建議把他們都收在角落的鐵盒子裡。

才說完，我就開始咳嗽頭暈，無法呼吸，只好讓她們繼續談。

我撐著爬到大門外，靠著黑色大理石牆呼吸新鮮空氣；但我越呼吸越沒氣，靠著牆從站著慢慢往下滑，然後跪在地上，幾乎失去意識，我隨手抓住老師加持過的、綁著五色線的針，往自己的頭頂刺（拜託請切勿模仿），心裡念著平日祈求時念著的心咒，意識喪失了不知道多久，忽然醒來，呼吸也比較平順了。

其實我有兩個老師，一個主張把他們收了，別讓他們搗蛋；另一個說就是把他們收攏，供食物來維持祥和安寧。後來怎麼處理的我不知道，但是，自古文人相輕，宗教也是，互相對彼此的教義不屑一顧，爲什麼不能和平共處、截長補短？還有很多像我這種的流浪在世界每個角落，等著你們把我們帶到正途上，完成我們該做的功課任務呢（我又離題了）！

好，地靈長什麼樣？這一組呢，我用感覺的，沒什麼形體，但感覺是三個男性；前面提過辦公室有一個，躲在冰箱旁的遊戲室牆裡，討厭我靠近吵他；之前也有兩個，完全是搗蛋鬼來著；也有在朋友家碰到穿白衣服的長髮白地靈……所以，他們究竟長得如何呢？讓我們繼續看下去……

辦公室VI

以前還在汽車圈工作的時候，常有機會去媒體的辦公室玩耍打擾，有幾家更是特別常去……

有家老公司老品牌（別對號入座），更是常常晚上去。那家公司，也位在台北的邊陲，裝潢上都是白色的牆壁，灰色的辦公隔板低低的，大家面對面對坐，抬起頭就會相看兩相厭的坐法，自然，截稿期也是拚到天旋地轉，天荒地老，鬼哭狼號的……

好，依稀記得，編輯群座位區走到底就是牆和大型事務機，直走有個抽煙的樓梯小通道，旁邊一扇大鐵門，我每次去都嘻嘻笑，因爲，那個可愛的灰色飄飄，老是把自己壓得扁扁，躲在事務機和牆邊大概五公分、十公分的縫裡，以爲我看不到他……他也常貼在鐵門上，把自己當作壁紙……我也常笑他，有必要那麼俏皮嗎？

有一次也是晚上九點、十點，我拿著手大的小禮盒，硬是要坐在編輯的位置上，包裝加工綁蝴蝶結，我哼著歌，拿著白色的緞帶，開心的綁呀綁繞呀繞……

忽然，鼻子一陣涼，猛一抬頭，臭飄飄！他從對面的桌子整個彎腰，脖子和頭伸得長長的，探到隔板這來，和我幾乎鼻子貼著鼻子的距離，眼對眼，好奇地看我在做什麼！……

我「啊」一聲……

逃了出去……

我還是會怕的……

第四章　世界各地的飄飄

◎米國I

總是很多人問我，米國的飄是不是都是金髮碧眼的？米國眞的有飄嗎？他們講英文嗎？

對我來說，剛去米國的時候，我已經習慣了飄的存在，在眼和心延伸過去的那個角度、在眼角、在眨眼就消失不見的，在總是最不經意的、在回神才感覺害怕的時刻，他們就來那麼一下（還不是虛晃的），會讓人罵出聲的那種。

我住在市中心，我一直嚮往期待的城市、學校的邊緣、一一〇號州際公路的入口下方，一九二七年（或一九二四？）白牆、藍色木門、有小花園的歷史建築群裡，矮矮的兩層小樓房、西班牙小ㄇ型建築、大大的工作室，一個月六百美元，美好的小住宅（我離題了）。好了，在米國，做飯打掃洗衣都得靠自己，偏偏我家的洗衣房在地下室，小小昏黃燈泡，每次都得摸半天才找得到開關，在戶外下挖的小樓梯，不過就十多階、一個人的寬度。

一個晚上，照樣下課、啃著長長一根牛肉乾，一週一次洗衣時間又到了，打開燈，丟衣服去洗好、烘好，一小時後再回來吧，關上燈，離開地下室。

一個多小時後，我抱著洗衣籃、哼著歌，往地下室的樓梯走下去，樓梯旁邊的小方窗子亮著光，感覺有音樂聲，有人唱著歌、很歡樂的樣子，「洗衣服這麼開心呀？」我想，我低頭去看，一個褐色鬈髮的墨西哥人，穿著深藍 Polo 衫，背對著我在拿衣服……好吧，孤僻的我不想跟鄰居打招呼，回頭往上走了兩格，心裡又想，「算了，衣服收收睡覺好了……」於是轉頭再往下走，等我抬頭，洗衣間，一片漆黑……

◎米國 II

長久以來，大家都會一直問我：「飄會不會走路？飄有沒有腳？外國飄講話哪國語言？妳怎麼聽得懂？」

好的好的（撚鬚狀），仙姑貓來講個故事。

在米國的時候，一回和網友們出去玩耍過夜，應該是要往沙加緬度的路上。三個人一個房間，當時氣溫約在三十五度、又乾又熱的八月，開了冷氣還熱得半死。

我們聊聊又鬧到大半夜，終於慢慢進入夢鄉，熟睡中的我忽然驚醒（又是半夜），一股冰涼的寒意從脊椎往上竄（死了！我想），接著，我翻身，忽地三個穿螢光綠色T恤、牛仔褲的年輕韓國女飄站在床邊，直直地看著我，臉上帶著笑意！腦波中傳送來她們是三胞胎、十六歲，怎麼掛的？我不知，但她們就是個性很調皮，找到人就跟上去，不幸的，我就是其中之一，於是開始了被勾勾纏一個月、快崩潰的歲月。

驅車回到洛杉磯學校的宿舍。

花園宿舍是一個雙人房，在哲斐遜大道上，我和一個日本妹同房間。房間的配置是進門，左右兩邊各一張書桌、然後一張單人床，面對窗戶，這下好了，這三個傢伙跟上我了，完全發揮小朋友變鬼變怪的特性，每天！每天喔！早上六七點就吵醒我，在我的玻璃窗上做鬼臉嚇我，不理她們就來跳我的床！對，你沒看錯！美國的床墊都是兩個疊高高、又軟綿綿會陷進去的那種，我就看到六隻腳！六隻腳在踩我的床墊，所以我就滾來滾去，直到我快崩潰了決定起床，她們才心甘情願離開；就這樣兩週，我天天帶著黑眼圈去上英文課；知情的同學，不管國籍，紛紛塞給我不知道哪來的符令捕夢網大蒜聖經十字架辣椒串……但在那情況下，都對我沒有幫助！

（請不要誤會，我沒有侮蔑聖經和十字架的意思，我一直都相信尊敬它們神力無邊，只是可能對這三個沒用！再說了，我又不是碰到吸血鬼，給我大蒜幹嘛？）

最後，我打電話回家，拜託媽媽幫忙……

一天中午，媽媽從台灣打電話來，好像在關渡宮請了師父，拿著我的衣服越洋祭解，我就這樣隔空姑且一試，結果，隔天起，三個傢伙就沒再出現了！

眞是太美好了！

每件事、每個狀況都有不同的解決方式，都必須在經驗和學習中累積，被阿飄欺負，也是！我到現在都還在學習！

◎香港 I

記得第一次出差到香港，還是體質超級敏感時。

雖然我也不是第一次來香港，也不是頭一回自己一人住酒店，自己一人睡，但是，這個房間，卻讓我有點「難忘」。

它在高架橋旁一個精品旅館，照片官網看來都挺精緻，又是公司的簽約飯店，我們二話不說，訂了，就住了進去。記得，我住十六樓，老闆住隔壁間。

香港的飯店，一般都是小小的，又迷你，一張床，臨窗的桌子或椅子，應該就僅容打開二十四吋行李箱的空間，偏偏我住的這間，是飯店建築物的邊間圓角房，房間特別大，整個成扇形。一進門，微長的走道，再來是乾濕分離的浴室在房間正中央（怪吧！），浴室兩端打通，兩扇門通門口和另一側的鏡面衣櫥，喔對了！床在圓角那一側正中央，床後是圓牆，兩邊是窗，窗下是小小的書桌。

其實，不管如何，我都會帶「傢私」在身上。

所謂的「傢私」，每個人的都不同。

我一般會帶上師父製作的除障香，早期會帶上有加持的淨水，還有，我念過超過一百零八遍的《金剛經》（後期只帶上除障香和《金剛經》。僅供參考，以個人需求、信仰爲準喔）。

通常，我在進飯店旅館房間前，都會按按門鈴、敲敲房門，心中說聲「打擾」！接著將房門微開，噴灑清淨一下空間之後，再關上房門；床邊的小桌，也都會擺上《金剛經》，而除障香，是「中了槍」之後的處理方式，或是房間真的不乾淨，又沒法換新房間的時候，就會乖乖點起來，潔淨空間，把阿飄趕出房間，不要打擾我。

（本方式處理不當可能造成失火或嚴重後果，請選擇煙灰缸或非禁煙房點燃，不然後果……嘿嘿嘿……）

住十六樓，在香港寸土寸金、高樓櫛比鱗次，本是稀鬆平常，但十六樓還可以碰到阿飄，就真的令人無言以對，哭笑不得了。

睡前，我也點了除障香，該做的事情都做完，只差沒把《金剛經》念一遍；關上冷氣，還是感覺冷，只好拉起棉被，裹住頭，才慢慢睡去。好不容易入睡，大概又是凌晨三、四點，就被「嘆息聲」吵醒，我不耐地踢開棉被，迷糊的左摸右摸打開大燈，大聲地罵了一大串：「妳煩不煩啊！半夜吵什麼啊！吵死了！還讓不讓人睡覺啊！我還要上班耶！」

「唉！」

「欠揍啊！」我在暴怒中忽然醒了！左顧右盼，看不到阿飄的影子，氣得跳下床拍桌子，一看窗外，馬上懂了！她不在我房裡，她、在、窗、外（就是那種飄或懸浮在半空中的意思沒錯）！我俯身看著窗外，夜半空曠的馬路，還有「她」！這下換我「唉！」了！我怎麼趕她啊？好好的人，哪不去，飄在十六樓窗外到底要做什麼呀？

「唉！」於是我帶著嘆息聲、熊貓眼去上班。

是的，五天四夜都沒什麼睡！

「唉！」

◎香港II

每次出差都要離開了香港，才有勇氣寫飄故事；不是說處處有飄，處處得戒愼恐懼（反正看不到聽不到聞不到感覺不到，就正常過日子吧），只是無形的東西，還是有它的殺傷力，覺得不對就乖乖離開，不然痛苦的都是旁邊的人，是不是？

好，從愛吃鬼說起，某一次出差香江，完全是美食團的同事們決定要從灣口直殺某地知名蟹粥，說不吃人生會有遺憾，枉來一遭！所以當然就一路在的士上睡過去。

不知道過了多久，忽然冷意襲來驚醒，就是那種半夜被嚇醒、眼睛忽然睜得爆大、心臟狂跳那種感受！對那區域完全不清楚相關資訊的我，左右張望，花店、花圈、棺木店滿滿都是，我心裡想，不會吧！然後開始看見一些爺爺奶奶在路邊、路上……嗯，胃怎麼有點痛……然後開始咳嗽，咳個不停……

到了這家同是大推的小店，兩張大圓桌子坐下來，舊舊的店面，但是客人很多，公司的香港總監背對著門口坐著幫大家點菜、拿餐具；各種螃蟹粥米糕粉絲炒麵湯，味道應該是相當好的，但是我一直咳一直流眼淚，同事紛紛轉頭問我怎麼感冒了？

終於吃完了，我衝到外面，蹲下來又咳，全身又痛又流淚，了解狀況的老闆和同事火速把我拎上車，架回飯店房間；我整個人痛得蜷縮成一團，幾分鐘後，忍著痛，打開《金剛經》，幾乎是痛趴在地上好好念過一遍，痛慢慢比較減緩……之後，因爲覺得體內完全被抽空，雖然還是痛，但還是忍著，像老奶奶一樣彎著身體，下樓買了雲吞湯（愛吃的力量眞的很大）……眞是意志力堅強啊！睡覺依舊打開 YouTube，聽著王菲版的《金剛經》，早上起床已經能站直了。

（雖然回家還是病了好幾天，但即時處置是很重要的啊！）

後來，總監問起，我說，一個老先生穿個白短衫、黑色寬寬褲子、臉方方、沒什麼頭髮，站在你後面探頭看你走來走去東西拿來拿去，待了好一陣子；路上人來來去去不提，但那個磁場我眞的沒辦法，何況我那住附近的同事……

我 Google 了一下，旁邊不是一棟殯儀館，是五六棟殯儀館大樓啊……

◎北京

二〇一五年去到北京，是有神聖任務的。撇開任務不談，可以去閒逛、漫步老城市是必要的；忙碌之餘，一個人搭著 Uber 閒晃，或朋友領著四處走走，也都是美好的「體驗」。

傍晚，熱熱黏黏的溫度，朋友好心地來當地陪，爲了躲過北京可怕的塞車時間，我們在朋友的披薩店裡閒坐，看著清華園外的夜色漸濃，決定前往北京的後花園。

車在昏暗的街道裡停下，如果我自己一個人，絕對不會來的！幾乎有伸手不見五指的窘境，朋友領著我，摸黑一路往北京的中軸線走去。遠遠地，聽到台灣老歌播放得可以穿透大街小巷的音量，許多 LED 燈纏繞著房頂，感覺像是河邊的欄杆，才知道這是著名的酒吧街，說眞格的，這條水路，也不是「河」，當地人稱「海」，說穿了，據說是巨大的人工湖，也據說是從元朝起就開始發展，兩岸是皇親貴族的居處、庶民的商業區，在當時是漕運的終點，稱爲「北京古海港」；還有人說，是先有了這片海，才有了北京城……端立的牌坊、雲深不知處的胡同、復古的石磚環河步道、隨風搖曳的柳枝……聽起來挺浪漫的，充滿濃濃的懷舊氣息，當然，明清時期，更是興盛，二〇〇三年興起成爲酒吧街，變成現代北京人閒嗑牙、聊是非的後花園。

我在臉書上打了卡我要來北京，許多朋友就等著我述說對這個城市的「反應」，當然，「我見青山多嫵媚，料青山見我應如是」咯！別擔心，不會讓大家失望的！

我看了地圖，這一趟大概就沿著後海走上一圈，約莫四公里多；停車處的巷弄極小，突見一個小小的石磚橋，才踏上橋幾步，馬上感覺到溫度低下了幾度（也可能是穿過矮房後，豁然開朗的溫度），我加快腳步跟上了朋友。

過了橋，看見了河面，圍繞著河面的欄杆前，站著一排穿著清朝服裝的宮女（我所感受到的是宮女，也許有的不是），面朝湖水，一個個錯落地往下跳，而且是感覺無止境地（一跳再跳三跳），朋友忽然轉頭問我，「妳有看到什麼嗎？」一臉奸詐的笑，我踢了他一下，推著他快步再往前走，也不想多說讓朋友嚇到，既來之則安之，我也想試試我的「防護罩」能護我多周全，繼續睜大雙眼往前走。

穿過一個牌坊，應該是個市集吧？這一帶人又特別少，都坐在餐廳裡、河畔旁喝咖啡飲酒，靠近牌坊的一些荒廢的老房子裡，可以見到一些穿著老式服裝的人在晃蕩。空氣的密度忽然變得非常濃稠沉重，明明比較空曠的地方，空氣應該比較清朗，這不合理啊！越走越覺得空氣充滿了重量，重得我都開始舉步維艱，背上像是背了千斤頂，幾乎得彎腰走路了，我只好張嘴開始大口呼吸，隨即也變得非常疲倦，視線模糊，眼皮也沉重起來，我揉揉眼睛，心想才不過晚上十點，完全不是我平日習慣該睡覺的時間啊！好險，大約走了一百公尺不到，眼睛就慢慢明亮起來，看得到四周了，狀況就慢慢解除，到現在，我還是想不透爲什麼，應該也需要了解情況的人告訴我爲什麼呢！

◎紫禁城

說到明朝永樂十八年啓用的「紫禁城」，大家惺忪的睡眼應該都忽然間睜大變成銅鈴大眼了！而且，似乎都好像期待看到遍地殺伐的感覺，但其實沒那麼誇張啦！

從南池子大街側門，彎進東長安街，緩緩轉進天安門廣場排得整整齊、嚴嚴實實的柵欄圍起的路徑裡，人車分流，應該說，長長的人流，和天安門中央的東西長安街口（舊名長安，美多了！），中間隔著幾排圍籬，離路中心遠遠的，肅穆和距離感很鮮明，也許是刻意要劃出界線的；故宮這幾年更改了參觀路線，唯一的動線就是南進北出，也就是大家熟悉的午門進，神武門或東華門出（東華門出就什麼都看不到了）。穿過天安門廣場，才進了端門，陽光炙熱，我已經覺得滿身大汗，兩旁的衛兵直直地盯著路過的每個人，讓人更加快了腳步……我也不覺得天安門廣場有什麼磁場上的異樣。

繼續踏上石板路，來到一片廣闊的廣場，城門倏地豎立在眼前，這就是「午門」了！售票口在午門的左手邊，走得越靠近，胃就越是翻騰，一直覺得反胃噁心；我領了票，拿了導覽器，逕自往午門走去；但是也沒看見牆頭上懸了幾個頭顱，像是電視劇的場景，我看了一眼，快快把包包丟上 X 光機，通過安檢，穿過「午門」。

偌大的廣場在我眼前展開，眼前的宮殿，就是俗稱「金鑾殿」的太和殿了，我站在較高處，仰望著陽光下的宮殿，比例上和這個寬廣的廣場好像不太相稱，再低頭，整個廣場似乎處處充滿了血跡，每塊石磚上，都是爭鬥後力氣用盡、鮮血流盡的痕跡，好多的煙塵灰燼……層層疊疊……我一直以爲，這樣的地方，應該充滿了怨念、憤恨，還有暴戾的殺氣……

（我忍不住想截翼報對太和殿的敘述讓大家參考，過去的宮廷是多麼金碧輝煌、豪奢華麗！我幾乎沒辦法讀懂那建築的工藝敘述和名詞。貼出來參考，是爲了能更融入場景。

太和殿，俗稱「金鑾殿」，位於紫禁城南北主軸線的顯要位置，明永樂十八年（一四二〇年）建成，稱奉天殿。嘉靖四十一年（一五六二年）改稱皇極殿。清順治二年（一六四五年）改今名。自建成後屢遭焚毀，又多次重建，今天所見爲清代康熙三十四年（一六九五年）重建後的形制。

太和殿面闊十一間，進深五間，建築面積二千三百七十七平方公尺，高二十六．九二公尺，連同台基通高三十五．〇五公尺，爲紫禁城內規模最大的殿宇。其上爲重簷廡殿頂，屋脊兩端安有高三．四〇公尺、重約四千三百公斤的大吻。簷角安放十個走獸，數量之多爲現存古建築中所僅見。

明清兩朝二十四個皇帝都在太和殿舉行盛大典禮，如皇帝登極即位、皇帝大婚、冊立皇后、命將出征，此外每年萬壽節、元旦、冬至三大節，皇帝在此接受文武官員的朝賀，並向王公大臣賜宴。清初，還曾在太和殿舉行新進士的殿試，乾隆五十四年（一七八九年）始，改在保和殿舉行，「傳臚」仍在太和殿舉行。

太和殿是紫禁城內體量最大、等級最高的建築物，建築規制之高，裝飾手法之精，堪列中國古代建築之首。）

過了太和殿，可以選擇向左或右，我往左（其實是太和殿坐向的右邊宮門），往慈寧宮，往古時皇帝的書房寢室養心殿，慈禧生下同治皇帝的居所儲秀宮的方向走去。

紫禁城的過往是華麗繁華的，木造、磚瓦堆砌起來的威權，有些細微處，還可以看見殘餘的金漆閃閃發亮，即使是燒毀的龍椅，和電視劇裡大氣又鑲金的龍椅相比起來，那麼地窄而小，但是，生動立體的龍形雕刻還是清楚可見，一些居所中的絲綢看起來都還有光澤；我去參觀的時間人不算多，空空曠曠，但有些宮殿，會讓我忍不住要大口呼吸，然而一直奮力卻還是完全吸不到空氣。

走在宮殿與宮殿連接的，如迷宮般的宮牆小路裡，仰頭只有一線天空……宮牆又全是暗紅色，身邊一些遊客來來去去，也有許多著清裝的宮女走過……我心裡竟然一絲害怕的感覺都不存在，因爲，我覺得好熟悉——這裡曾經是「我」的「家」，彷彿就有力量要我往某個方向走去……雖然在御花園裡，我找到了那個前世、曾經穿著盆底鞋、繞著佛像玩耍的佛殿，但佛殿裡已經拆空，只留下雕著龍形的天花……（朋友們事後問我，爲什麼沒有看到明朝裝束的人？或許是因爲年代比較久遠了？還是我的記憶停在清朝？我也不知道）。

儲秀宮的亭閣屋瓦看起來也充斥著火吻的痕跡，原本應該光彩鮮明的外牆、窗櫺、牌匾、前廊、甚至廊簷，都是大火焚燒後發黑又搶救過的傷疤。一跨進院落裡，從腳底竄上來的涼意，讓我覺得陰涼，明明是還開闊的明堂、迴廊，也有陽光，但我就是不自覺地打了個冷顫。

儲秀宮已經是維護保持得比較完好的宮殿了，但不讓人進入踩踏的偏間，都使用大面玻璃封起來，遊客可以自由的自外向內看，好似在那個時代一樣，宮女太監或悄悄地窺探內間的動靜一般；明間（正廳）的寶座，看來還相當完好；我慢慢經過雕花的窗櫺、木門，走到西梢間的寢室，第一眼就感覺不舒服，奇怪的磁場在放大著（灰色的煙團迷霧的感覺，像開車開進濃霧的竹子湖山路裡），明明亮著燈泡，陽光也充足，但整個室內是黑暗的，開放窺視的三扇玻璃小窗，位置較低，需要稍微彎著腰的角度，我低頭拿著手機靠近玻璃，想拍靠窗的、鋪著黃色的絲綢小座，小座中間的木桌上還擱著茶具，才一拍完，往內部一瞥，哇靠！（請原諒我的語助詞！）一個清裝宮女在打掃著，忽然惡狠狠地轉頭向我瞪來，嚇得我不但往後退了兩步（寫作時回想起畫面，都還是頭皮發麻），還撞上後面也在拍照的人！

我趕緊說聲對不起，想想還是不放棄，往前靠近窗子，這下更有趣了，一個穿著應該是粉色清裝，套著黑色像長背心的繡花帔褂，頭戴著小小的拉翅，上面裝飾著簡單珍珠瑪瑙的女子，坐在屋後方的床沿上，側著身讓宮女梳著長長長的頭髮，動作是緩慢的、優雅的，但我一正眼瞧著她們，兩個人都好像長著觸角一般，感應到我在觀察她們，忽然同時轉頭向我的方向看來，直愣愣地、無神的、眼神空洞（感覺好似沒有眼珠……）！我嚇得心頭一緊，「哇」地叫出聲音，拔腿就衝出儲秀宮。

除了這一小段比較驚險之外，整個步行約兩個小時，其實除了擦肩而過的宮女太監外，偶爾也有幾位類似穿著朝服、頂戴花翎的人走過我身邊，但是都是行色匆匆、急急忙忙。我走到神武門，看著數米的紅色宮牆，悠悠長長，城門下一整排小小的紅磚居室，是駐紮的城池侍衛居住之所吧？沿著宮牆走，忽然想看看那口知名的珍妃井，雖然歷史中的敘述不太人道，但我還是看著地圖，試圖想走到寧壽宮北側，尋找那口珍妃井（頭皮發麻中）。但我從連接神武門的順貞門進進出出多次，始終找不到那口井！

而前一段所提及的儲秀宮，其實並非最陰涼之處。

令我感到最不舒服的、壓迫感最大的、一踏進院落就暈到不行的，是一座圓形的宮殿，好像有三、四層樓，才進門，我就噁心想吐，連宮殿的名字也沒看就逃出去了，後來不斷的在網路上尋找，一再確認，並非東北側的角樓！找了好久好久，終於找到了，是明朝永樂年間就建築好的延禧宮！是內廷東六宮之一，據《清宮詞》《清稗史》記載，這個宮殿以銅爲柱、玻璃爲地與牆，所以有「水晶宮」的美稱；道光年間燒燬，後來並沒有完全的重建完成……那到底是什麼怨氣這麼沉重？網路上查到的訊息是說，這個宮殿其實很不祥，明清數百年來都沒有出過妃子，或是天子，都是一些常在、答應住的地方，備受內務府冷落；道光咸豐年間又發生三次大火……

故事結束了？

並沒有。

我一踏出神武門，回首這偌大的廣場，仰望對面崇禎自縊的煤山（現稱景山），遠望這悠悠遠遠的五十二米護城河，彷彿還能聽見內廷的微微長嘆！

來訪之前，心中是帶著實驗的、豪賭的（賭我會不會掛掉的！）、猜測的、血腥的、戰爭的、稍稍畏懼的心情，踏出紫禁城時，情緒卻帶著一點點傷感、無奈，但沒有怨恨，只是靜靜地，在喧嘩的人聲中，重重地踏在石板路上……我一格兩格的數著石板，卻猛然發現一個傢伙，偷偷地「尾隨」我，可我這時候，卻一點害怕畏懼感都沒有，我拉開天線（這只是一個形容詞），想把他看清楚，聲音透過腦波清晰地傳來：「我並沒有傷害妳的意思，但請讓我跟著妳到妳來的地方，我要找人。一到我就離開。」（他也許說的不是漢文，但經過腦波傳遞，則會自動翻成我聽得懂的語言，也許訊息並非百分之百正確，但應該接近。）

更過分的是，我竟然答應他了！

我認眞看了他一遍，上下打量，記憶深刻的藍色朝服，類似電視清裝劇中看到的，但布料並不是劇裡金絲銀絲閃亮亮的綢緞面料，是比較平實的、類似棉布的、很深的丹青藍色（也可能是阿飄我看不清楚的關係），寬寬的袖子、靠近手掌的部分是黑色的褶皺，領口也是黑色，胸前有一塊方形補子，許多黑線紡繡精緻的動物圖紋（是虎還是麒麟還是？分不太出來！），我沒有細看，視線焦點全落在他胸口，一如《甄嬛》裡的大臣所掛的一大串朝珠，長長一段落黑色珠子之後間隔著紅色珠子，頭上有官帽、一根長長孔雀羽毛般的翎羽向後垂著（對啦！我沒有印象我有看到他的腳！所以沒有寫朝靴的部分）。他就在站我的視角之內。

我繼續走到街口，坐上觀光巴士，準備去和同事晚餐。邊聽著巴士上導覽員的介紹，約二十分鐘，下車走路，即使到後來回到飯店，他都很認分的隱形，保持一個距離（他無法離我太近，約在後方約五步之處），也就是我知道他的存在，但我看不見他。

直到我上了飛機，準備回台灣，在飛機上準備好好地睡覺，轉身弄弄頭枕，拉拉外套，才看到他站在走道上，眞是嚇了我一跳（是的，他在飛機上），然後還一副什麼都很新奇新鮮的模樣，左右張望。

我馬上放出腦波嚴厲地警告他，「你要遵守承諾！不要作怪喔！一到台灣就要離開！」

他點點頭，繼續站在原地東張西望。而我就闔眼念著佛號休息；他在附近，精力消耗總是特別明顯，平常可以撐一天的電力，沒兩三小時就消耗殆盡。

降落，入境，提取行李，一出了機場的玻璃大門，他發送了感謝之意後，就消失無蹤！

故事到這裡，才算結束。

但他的故事是什麼呢？

◎日本

我一直很喜歡日本，也有一些日本的緣分：剛到洛杉磯的住宿家庭，就住了兩個日本人，後來和日本同學也都感情不錯（又離題……）。我自己似乎有過去前世的記憶，是和日本有關的，兩個小女生，短暫的生命記憶……

現在要談的是之前的日本行。

◎大阪 I

前兩年，帶著媽媽跟團去旅行，主行程是黑部立山，行經關西，大阪自然而然就是行程中都會過渡的一夜兩夜，我們選擇的也是知名的連鎖飯店，雙人雙床房，房間的大小，只容兩張單人床、床尾是小走道、面對著梳妝台的鏡子、冰箱，好險兩個行李箱還能拉開四分之三，這已經是很令人感動的房間大小了。

我們去逛了心齋橋、道頓堀，隔天似乎就要回台灣了，所以大家都大買特買，這兩個大阪的人氣地點，吃是可以吃到很晚的，回到房間，時間也不早了，整理完行李，我們也就準備睡了。

這趟旅行的時間點是四月中後旬，就是那種乍暖還寒，山上零下三度，山下大概十來度的天氣，房間還是得開上暖氣，乾燥，加上暖氣，晚間有時我都還會熱到踢被子，早晨臉都會紅撲撲的。當晚，媽媽也不知道是行程尾端了、太累了，話也說得少，很早就裹著棉被睡了。我則是一直覺得又乾又冷，翻來覆去。

行程裡，媽媽都一直沒提起那一晚發生了什麼事。

回到台灣，媽媽才告訴我，她那天在整理行李的時候，看到鏡子裡有一個黑色的頭，接著就有一個黑影完整地出現在鏡子中，也就意味著，那個人影，是在我們的床的中間！床中間的牆壁上！所以她很害怕，才趕快跑去睡覺。

至於我，倒是沒看到那個黑影。

◎大阪II

這座城，是很具代表性的！美麗的白色城牆、綠色金色瓦頂，和深綠色護城河……遊覽車到城門，大概是需要走路十多分鐘的距離，這距離說長不長，但更糟的是，遊覽車還沒靠近停車場停妥，只停在遠處的人行道旁，我就已經在車上開始咳嗽起來；下了車，情況更嚴重，邊咳邊流淚，我只能慢呼呼的走在隊伍的最後面，媽媽是了解狀況的，只能頻頻回頭看著我，而團員們則不斷轉頭投注關懷的眼神，詢問我是否還好？我只能邊咳邊苦笑。

越來越走近護城河，一邊咳到乾嘔流淚，一邊覺得空氣好重，胸口如大石壓著，眼前因流淚而一片模糊，我只能瞇眼看路，看著看著，有好多穿著古代草編大圓帽（頭上挖個洞那種）、一身像蓑衣形背心的灰色戰衣、還有綁腿的戰士，拿著類似長茅和武士刀之類的武器在動作著（戰爭狀態）；以往看到的清晰影像、畫面都有顏色，可以一眼看清所有細節，但這一次，所有的「人」都是灰色的，或說帶著灰階感的深深淺淺，很多細節無法分辨，衣服簡單粗糙、不華麗，還很有風沙塵土的朦朧感；數量很多，是我幾乎沒碰過的，反應大，也不奇怪。

越過城門，廣大的庭園有彎曲的道路，我反而比較不咳了，空氣裡沉重的密度也漸漸緩和了，進城了，就是勝利了，反倒比較祥和？我也不懂！而和紙、日式庭園、日本城廓，都是我很喜歡的，去到每一個城，總要拚了命往天守閣爬，從木窗眼裡居高臨下看個幾眼；天守閣往往都是城中最高的閣樓，像是戰時將軍的指揮所，很多樓層樓梯很陡，幾乎和樓板垂直，大家手腳並用，穿著襪子又滑不溜丟的，所以樣子都很滑稽；每一層會有不同的展示，有古時的食器、衣物，當然也有武士、將軍的盔甲，我走近一個展示櫃，一副黑色的威武戰甲，充滿血跡，咦……血跡？我歪頭想了一下往前走，猛回頭，血跡沒了，然後有了一些透明影子「伴遊」……我只好很小心地走，一路快快離開……

結果呢，我還是不知道帶了誰跟著我回台北！整個頭痛到要爆炸撞牆……求救完老師，脊椎都快被打斷了……唉……

◎大阪III

每一次來大阪，都好像有一點小狀況！

這一回事先預訂了飯店，但完全沒安排行程的亂亂走。我甚至不知道我的下一個行程、下一個小時人會在哪裡。

這回的飯店非常小，符合日本都會區地狹人稠的設置，但地理位置極佳，一出地鐵站即達：房間的走廊，僅容迴身，但還有浴室及很深的浴缸，穿過浴室走廊，裡面空間就只有一排書桌和大尺寸單人床，我站在桌椅與床之間，就是那麼些寬的距離了。

今天，剛到大阪的第一晚，遇見了個朋友，簡單聊了幾句，也就回房睡了。我都習慣將念過超過一百零八遍的《金剛經》放在床頭，今夜，並沒有特別點燃除障香，於是，今晚，非常的「熱鬧」。

在我睡下的時候，飯店安安靜靜，朋友的房間離我大概十五步的距離。日本比台灣乾燥，因此，我開了加濕器，關上空調，浴室留下泡完澡的熱水，當我睡著的時候，印象裡只有加濕器的微微風聲。

睡到不知道幾點，開始有很大的風聲一陣一陣，似乎是有人不斷地把加濕器或空調打開，調整風量忽大忽小的聲音，我不耐煩的醒了，但是不願意睜開眼睛，一會兒又沉沉睡去。

又過了一會，這下好了，開始有敲東西的聲音了，不是很大聲，但持續進行，有節奏似的，我氣得把棉被裹住頭，裝死不理。這樣的鬧劇反反覆覆，大概也鬧了幾個小時，接著，就更精彩了！

我睡睡醒醒，心裡很不高興，但又不想屈服，雖然有一點覺知可能是什麼樣的事情，但我應該做的要不就是不理他們，要不就是在心裡大聲斥責他們要他們離開，但我因爲太愛睏，並沒有做這些動作；稍微忍耐一下，他們就開始得寸進尺了！眞得感謝我房間那道薄薄的門板，雖然一點都遮不住、掩不了他們無理吵鬧的聲音！他們在門外，可能有十多個吧，不停地在鬧著、講話、敲門、拍門、一直叫著喊著想要進來（飯店怎麼可能讓這種事情發生？）。

我實在受不了了，打開《金剛經》，繼續在吵鬧聲裡睡睡醒醒，一直到天亮，自然隔天就很沒精神，思考也很緩慢，只能在大阪市區和港口閒晃，看看夕陽西下。

第二夜，我學乖了。

睡前，我打開《金剛經》，確定一切安全，就拿了馬克杯，翻到底面，捏了除障香，開了窗就點燃起來，整個房間連浴室、窗台、門口與門把，我都乖乖地薰過一遍，才關燈、睡覺。

謝謝菩薩，和關照我的所有神祇，今夜非常寧靜，我終於好好地休息了一晚！おやすみなさい！

◎京都Ⅰ

京都站旁的飯店，房間比前兩天在大阪的時候寬敞多了！雖然有點歷史痕跡，但是連水龍頭、金屬扶桿都擦拭得亮晶晶，空間上還容納得下一張情人座、小桌的位置，讓我可以完全攤開二十四吋的行李箱！我已經很滿意了！

行李箱放在地上，沙發空了下來，就可以在椅子上做做功課了！總覺得我的防護罩薄了些，像是炸海老外薄薄的麵衣，裹是裹著，但碰一下就碎了的感覺，也知道這一趟，神社寺廟靈園是免不了的，因此，預訂吸煙房的我就光明正大地點起香來，清淨一下空間，淡淡檀香讓我鎮靜，心理上，也多了幾分結界的安全感。

房間的配置上，是一個凸字型設計，只是上面的空間在左，是小走道和浴室，因此，我坐在沙發上的位置，只看得見浴室的尖角，而看不到門。

房間裡只有我一個，安安靜靜，很快就進入狀況，但開始做功課不久，我發現尖角的位置出現一坨黑黑的霧！接著霧氣退去，視野越來越清楚，穿著一個黑色盔甲的武士，全身黑色甲冑、尖型的頭盔、頭盔上方有橫線像是印記或家紋（後來證實是「家徽」）、一片一片的盔甲衣「胴甲」、鎧甲下身也包得滿滿，應該是個武士形象的「人」，完全就是網路上搜尋出來的樣子！他就站（？）在轉角！

我在視野裡，用力地多看了兩眼，他等我冷靜了，才告訴我：

「妳是足利義滿的女兒之一，（What?）我是來保護妳的！這幾天我都會守護妳！」

我在禪定裡有些不冷靜，但也沒有恐懼，只是有點丈二金剛摸不著頭腦而已；我了解足利義滿就像武田信玄、豐臣秀吉、織田信長、德川家康、宮本武藏（是台灣播映了木村拓哉的《宮本武藏》，大家才熟悉這個名字的吧？）一樣，幕府、藩主、將軍都是日本流傳的傳奇，而我對這些名字的認識停留在聽過名字、或是課本讀過、電視節目上看過的程度，並沒有特殊的情感或認知，但這幾天，就是不斷地出現足利義滿、足利尊氏的名字，彷彿也在爲我指引一條道路。

這次的行程完全沒有做功課，連交通都是現學現賣，馬上需要馬上Google，眞的有了什麼疑惑，就在臉書社團裡尋求協助。當晚，在社團朋友推薦下，我想想還是決定去嵐山好了，十足觀光客必訪景點！社團朋友們都大推，那我怎麼能不去呢！但我又不喜歡跟其他人走一樣的行程，因此，決定要搭上行嵯峨野觀光鐵道，坐到龜岡，再坐保津川遊船下行到嵐山走走，這，其實已經是一天的行程了！我興高采烈做功課到凌晨三點才睡，決定一早就出門。

早上，十點左右到達嵐山，一直想搭乘的第五節鏤空車廂，得等到下午三點過後才有位子，雖然只是半小時的車程，但其他都是立券！保津川遊船又是扎實兩個小時的行程，雖然很希望看到過去拉縴道的遺跡，又雖然嵐山的空氣有沁涼閒適的味道，有那片臥虎藏龍決鬥的知名竹林小徑，但我確實不希望天黑了，我人還在那片竹林裡（也聽說很多人穿過覺得不舒服），怎麼辦好呢？我忽然靈機一動、福至心靈，好吧！來去「金閣寺」好了！

「金閣寺」是京都最知名的景點之一，身爲一個標準觀光客，去拜觀一下也是合情合理的！於是，跳上十一號公車，經過半小時像開進深山裡的行程，然後，在半山腰換了五十九號公車，經過長長的通道，也就抵達金閣寺。

金閣寺人潮洶湧，各國旅行團、日本當地的小學生、中學生，全都蜂擁而至，走路的甬道中，夾雜各種語言、笑聲、喧鬧聲、呼喊聲，平常這時候，我一定是失去耐性、煩到要抓狂，但今天，怎麼不太一樣？

我非常冷靜地買下如祈福白色符令的入場券，大步快走離開旅行團的範圍，一進入寺廟的小徑，金閣寺馬上生動映入眼簾。全世界的人彷彿全都擠在最佳的拍攝點兩旁，我躲在松樹下拍了兩張照片，就往拍攝點最內側走去，旁邊沒什麼人，只有幾個外國人和翻譯人員，以英文解釋著由來和故事，竹籬笆外，就是水中金閣寺倒映的深綠色湖水；我看著金閣寺，雖然是雲厚的陰天，但它閃著耀眼的光芒，每個角度都像夢境一樣金碧輝煌，我忽然覺得好著迷，樹蔭下、小徑上、圍籬外、山坳內，處處都很舒適，聲音不再擾人，好像腦波平衡了，四周圍的雜亂不再影響我；我走到金閣寺側邊，更靠近地看著它的亮閃閃，才發現說明牌上的解釋：

「金閣寺，足利義滿的避暑夏宮！」

我愣住了。

再隔日，我依舊查資料到深夜，吃了秤砣鐵了心，天塌下來也不能阻止我搭上嵐山的觀光小火車的決心，接著，再到滋賀的雄琴溫泉，感受一下泉質，和品嘗日本三大牛之一的近江牛饗宴！打定主意，關燈、睡覺！

一大早睡眼惺忪，好不容易清醒過來，我馬上又放棄了心心念念機關算盡，行程原本排定，花時間查好的觀光小火車！

我・要・去・清・水・寺。

又是平安京（京都古稱，又稱「洛」）的最古老、最揚名國際的地標之一！清水舞台十二公尺高，居高臨下，可近賞清水寺、遠眺京都市，我打開地圖，確認車號，蹦蹦跳跳地搭上公車。

清水寺，需得經過一條走路約要十分多鐘的長長住宅區和小商店街，看到鳥居之後，才有山門，上了階梯，才能一窺神秘。

一腳踏上清水寺的門檻石階，我自然而然地熱淚盈眶，可能是過往前世的影像浮現眼前，之前，我應該是常來灑掃奉獻的平民百姓吧？每一個石階都令人熟悉得無限懷念，堂裡的每根柱子好像我都有倚靠過……經過也是敬拜千手觀音的主堂，旁邊西側是大黑天，我彷彿看到自己跪在千手觀音之前祈禱（其實觀音像供奉在堂內深處，即使大晴天，陽光閃耀，走廊還是看不清細節的），然後用白布小心翼翼地擦拭周遭放置花和果子的小几，那一刻，我彷若還可以聽見鐘聲、誦經聲、經書翻頁的聲音……往眺望清水舞台的小徑走去，我就忍不住哭了！我好像曾經就住在清水寺左邊的山頭，那個小小村子裡……雖然記憶很零碎，似乎是又不是和E的那一世，或者也許是和足利義滿有關的那一世？

我，還在拼湊靈魂的記憶碎片。

陽光耀眼，一路往山下走去。下了山，爲了十一月底賞楓時間排不下的琵琶湖行程，腦子裡盡想著搭乘JR湖西線往雄琴大津去，Google指路的公車站，明明就在旁邊，卻遍尋不著；我左拐右彎，只好往前走，希望找到任何一個著名的寺廟景點，再做定位；這一走，抬頭一看，「三十三間堂，步行三分」！什麼！三十三間堂，有一千零一尊千手千眼觀世音菩薩的地方，那我一定要去看看的呀！

三十三間堂，從七条的巷子裡拐進，沿路盡是民宅平房，我猶豫的站在小巷中，閃躲著來往的單車行人，遠遠遠遠地，才看到橘色的柱子，三十三間堂的大門開在巷底，旁邊是看來相當古老的法住寺，古老的松柏延伸出牆瓦之外，藍天白雲，超令人興奮的。我心跳飛快地往裡面衝，脫了鞋，看看整個木製的殿堂，說不出的雀躍。

堂內是不能拍照的，一轉進堂內，一千零一尊千手千眼觀音立像排成十列，並列在眼前，每尊都是十一面、四十手，帶著金色古銅的塑像，面向一側，堂內燈光幽暗，僅有透過紙門、幽微的陽光照亮著參觀的一側走廊，佛像的一側，漆黑的一片，倒是讓我有一點害怕。二十八尊護法羅漢，在菩薩像的最前方，空氣裡瀰漫著檀香和清新類似如松或柏木的味道，和一般的香味不太相同，是比較醒神的氣味。

我本來就對護法的長相一直很上心，這些護法其實都法相莊嚴、剽悍、甚至有恫嚇的感覺，尤其是纏著蛇之類的，我一定是快速通過，看都不敢多看；但堂正中央超過三公尺高的千手觀世音坐像，完完全全震懾了我，圓形渾厚的磁場、百年古老的味道，我都忍不住又愛哭起來。最後，我乾脆閉起眼睛，靠著門邊，將拇指合十，以打坐的形式站立著，安靜下來。

相傳這千尊千手千眼觀音像中，每尊的神韻、手持的法器均有不同，只要認眞尋找，一定可以見到「你想見的人」！

我是不知道我眞正很想見的「人」是誰，但閉眼靜心合掌的幾分鐘裡，我似乎看見觀音的化像，白衣白衫、自座像上翩翩降下……我沒有看清楚臉孔，但心一驚，眼一張，什麼都沒有了，只有眼前幾個外國觀光客，因爲不能攝影，拿出筆記本來細細畫下觀音像的輪廓、細節，我瞧著瞧著，也入迷了，其中一個男生轉頭對我一笑，繼續他的畫。

不知道他還要畫多久？或是，還有多少尊要畫？

◎京都 II

這次出國，身體和精神狀況卻不佳，因爲一直長時間無法睡覺，也有截稿的心理壓力，變成無限迴圈，惡性循環，晚睡晚起，晚上睡不著，好不容易入睡，一早又被吵醒……想好好睡個覺眞難……我的精神氣力，應該說大部分同類人，都是由做功課，維持身體健康，來進修與進步，就如廣告所說：女人是水做的，我們是由「做功課」堆疊的，所以，走到哪裡，這件事情都變得十足要緊！即使，只有十分鐘的充電時間，體力、精神都會有很大的差異；旅行的時候更是，一個人自由行，雖然時間、行程都自己掌控，但面對不確定的天候，或是迷路的因素，壓力更大，這一次，我體會到了！

原是簡單的賞楓行程，我卻很嚮往飛到北海道，去到道北極北之地，一償宿願，第一天，一到關西就立馬狂奔至京都高台寺。高台寺是著名的紅葉名所，在京都人眼中，也是賞櫻賞楓必去重點，歷史悠遠、園景雅致、四季多變，平日都讓人流連忘返；寺外的老街，復古的街燈中，高台寺的入口靜靜低調的在路旁小徑裡。隨著人龍排了一個小時的圓德院。

這是豐田秀吉的正室妻子北政所寧寧（考據之說應寫作淺野禰禰）的終寢之地。整個園子，佔地不廣，但每個角落都精心設計，整面白色細石牆的中間點，僅一棵漸傾的楓紅，一盞光，整個盈滿女性秀氣柔美的悠悠氣息；彎曲石嶙小路植滿綠樹翠竹，一個右拐，一棵樹齡較長、紅葉滿天的楓樹就在眼前，夜間的燈光將搖曳的樹影投射在石牆上，讓人手機相機怎麼拍都捨不得停手。

土足禁止後，踏進北書院門，又是一個轉彎，北庭一片枯山水盡在眼前，各色的燈光打在楓葉、黃葉、綠樹上，延伸的廊前平台，就是讓人忍不住躡手躡腳坐下來，靜靜地看著、聽著，風吹過的樹葉沙沙聲響、日語的低語，後方屋內，一件件色澤豔麗、織工精巧的琳派著物，展開懸掛，像畫一般……我坐下來，讓兩旁的木柱和平台、屋簷成爲畫框……細細地看著……天暗下來，溫度降了下來，我忽然覺得寒意升起；往參觀通路向前走；走到一個竹編迴廊，下望是種滿竹子、亮著紙燈的雅致小院，正專心望著，背上猛然被拍了一掌，痛得我背馬上直了起來！左看右看，沒人啊！不會又……而且，現在可以攻擊到我的「人」並不容易欸！怎麼可能？

我帶著疼痛的背，繼續旅程，而從那個小徑裡，我知道有個什麼，默默地跟了上來。

後來證實，拍我的那位，其實是圓德院旁供奉的大黑天，看到我很高興，便拍了一掌以示歡迎。我知道很難理解，打招呼就打招呼，何必打人呢？

老師的說法是：神祇也分為文神、武神，既然是武神，拍拍妳打招呼也是合情合理（哭！明明很大力道！痛！）。只是，祂忘記妳是女生了。

◎北海道

這回身體狀況不是太好，常常處在頭暈目眩中，氣溫又低，身體必須與外界的溫度抗衡，因此，覺得飢餓、發顫，是正常的，但在雪地寒天裡精神是抖擻的，雙眼是明亮的，漫天飛雪裡，更是興奮到又叫又跳，好險我在深山裡，不然要被當神經病了。

重點是，前幾天京都的行程都讓我在身體不是很舒服、又有「伴遊」的狀況底下，天天都非常疲累，每天都步行超過兩萬步，又沒有什麼進食，因此，在札幌，我就選擇了舒適的定山溪溫泉作爲休息落腳處，榻榻米的藺草味，暖呼呼的鈉氯化物溫泉，我趁機在房間的窗前做起功課來。

這回做功課，非常有趣，我可以感受到地上和空氣裡放射狀的……怎麼說，光線，成直線狀圍繞著我成圈，是有能量的，我伸手，卻抓不到……收到的訊息是類似這座山，擁有放射能量的石頭與土壤，我查了一下Google，雖然沒有查詢到和能量相關的地質類的資訊，但是溫泉，本身就是一種能量，或許也是一種解釋吧？

接著，我「看到」我背後那位「伴遊先生」，穿著深藍色的棉袍，是比較輕鬆的服飾，腰間有腰帶，插著一把帶刀鞘的武士刀，遠遠地望著我！我嚇了一大跳，原本在京都看到的時候，只是個灰色的影子，現在的影像變得如此清晰！正當我有些慌亂、擔心他會傷害我的靈魂的時候，之前在京都的那個武士將軍樣的人出現了！

他站在我背後，背對我，面向那個影子，堅定地告訴我：「我會保護妳的，請不要擔心。」

其實，我一直覺得，他字句中使用的「妳」一直是「您」；我聽完，忽然感到放心，心中的大石落下，功課做完，裹進厚厚的棉被裡，也不再擔心，一夜好眠（但回台一週了，看著鏡子裡臉色青青綠綠又泛黃的我，眞的不是沒事啊）。

◎空港

機場是旅人必至之地。機場有沒有飄飄呢？

あるよ。

今天，要從日本回台灣，早早就扛著沉重的行李抵達機場航站大樓，這是新穎的空間，人也很多，我早早就到了，坐在用餐區享受我離日前的抹茶歐蕾。選了個指示牌後方的四人位置坐下，悠哉地東看西看，忽然，指示牌左後方，探出半個人身體與頭來！像是個年輕的男生！還跟我做了個鬼臉、吐吐舌頭。我瞪大眼睛，他不見了。應該，也是個頑皮鬼來著！

◎泰國

大家看恐怖片或是鬼片，最知名的應該是早期的香港殭屍片、日本的貞子系列、泰國的校園鬼片，或是美系血淋淋的畫面。對我來說，每部片看完，我都忍不住哈哈大笑，除了泰國養小鬼之外，其他一點都不可怕！

但是去到泰國呢？

其實，記憶已經不是太清晰了，但是泰國的飄飄數量之多、之密集，相信大家都有耳聞。

二〇〇五年，員工旅行去泰國曼谷與芭達雅。

公司大部分都是女生，走到哪都吵吵鬧鬧，在四面佛面前或是飯店，無一例外。

頭幾天下榻的飯店，我們團裡的六個女生，大家似乎都不是很滿意，因此，飯店在最後一晚，爲了補償我們，特別安排了我們住進高樓層的行政套房，我們也滿心歡喜地推著行李到達二十幾樓。

刷完卡，一開門，大家一窩蜂嘻嘻哈哈地衝進房裡，我就呆站在門口，因爲，刷完卡開門的，是一個穿著白色衣裙的長髮女人，站在打開的大門邊，好奇的盯著我們。

我默默地推著行李，盡可能地繞過「她」，掃瞄了一下室內：大大的客廳、陽台，一整組深褐色的皮沙發、白色的大理石桌、白色的桌燈坐落在各個角落，門後邊是可容納多人的大餐桌，以及吧台的餐廳，三個大房間分別在三個方向。

大家興奮地拿出零食、啤酒，女生擠在沙發上嘻笑、看電視，我進房放好行李，心裡有點擔憂：「那傢伙不會要陪我們睡覺吧？」走到客廳，那女人就站在電視旁的落地檯燈旁，張著大眼，彎著腰看著同事們在玩的撲克牌遊戲；一會兒又到餐廳，挨著同事看著她們倒蘋果西打雪碧做調酒；一會兒又坐在廁所門外……我整個提不起一點玩興，只能雙眼直直地跟著她走來走去，晚上，當然也睡不好，我可不希望在床上一張眼就和她四目相接，於是就半睡半醒的保持警醒；一早起來，帶著個大熊貓眼，自然也不奇怪了。

坐上餐桌，大家看我睡眼惺忪、呵欠連連，似乎也猜到了一些端倪，我只好全盤托出，還沒說完，好幾個同事都摀起耳朵，一個衝去房間躲起來不敢聽。一個同事說，她其實看不到她，但她知道她在，因爲只要有東西靠近，她就會頭暈得不得了！像現在就很暈！

是啊！她就站在妳後面，靠著妳的椅背聽妳說話啊！

◎韓國

這是不是要打碎很多人的美夢？

我對韓國沒有特殊的情感，是爲了工作，會研究韓劇、藝人、現在流行的事物，如此而已。

整個首爾，吸引我的只有美食、瞎拼，北村韓屋村、還有北緯三十八度線，也就是南北韓交界的軍事管制區之外，其他我都興趣缺缺。

是個六月底，整個首爾熱烘烘的已經像個火爐，走兩步就一身汗，我又不習慣韓國人驚人的大嗓門兒，滿街的警察，好朋友帶著，就盡往巷子裡鑽。

地圖上，北村韓屋村在城市的高樓洋房的交界裡，窄窄的巷弄裡一鑽，山坡繞個圈出來就是了，我牽著好朋友的寶貝女兒的手，從景福宮一路走，還沒有靠近，我的頭就開始痛了，本來想說是中暑，因爲實在溽暑的氣候，還多塞了一瓶冰飲優格，頂著要爆炸似的頭痛，頭不能隨意亂動，痛到都暈起來、脾氣要發起來那種疼痛，繼續往韓屋巷子裡走。

韓屋的屋簷深色木製、長長地延伸、灰色白色石磚石牆、褐色木條窗、厚重的木門、灰磚的地面，雖然我眞心喜歡懷舊老城市或建築的故事，但我還是頭痛到受不了；記得經過某人的故居，不遠處有口老水井，我還看見有人在打水……回到飯店，我默默打開《金剛經》，在室友洗澡的時候做了一下功課，慢慢趕走一些疼痛的感覺，那種頭脹痛、要爆破的痛感，撞牆都還不及的痛……眞的是受不了。

而厭倦觀光客行程的我，原始的行程是想要去板門店的，但時間沒有約上，便預訂了參觀韓戰後，北韓想要侵略南韓所挖掘的第三隧道，都羅山站以及都羅山瞭望台。

細節已經記不清，但只記得，當我們戴上藍色工地式安全帽，坐上由南韓政府建造的礦場單軌列車，進入這條長一千六百三十五公尺、寬度二公尺、深入地下七十三公尺、用意在每小時可輕易讓手持武器的北韓士兵通過的隧道時，又來了，無數的影子和磁場讓我狂咳，一直咳一直乾嘔，知情的同事們紛紛轉頭來看我，然後一臉害怕；隧道高度又低，常有許多凸出的岩石，我的咳嗽聲在黑暗的隧道中擴大，很多同事又得一直閃躲岩石，場面眞是尷尬到不行（但也很好笑！）。

狀況直到我們下車，走進充滿木頭架構、拚命滴水、潮濕又陰暗的二百五十公尺體驗通道時，依然沒有任何改善，邊咳邊走、邊走邊咳，直到見到陽光，我已經滿臉涕淚縱橫，這個北韓士兵徒手挖掘的隧道，充滿著無奈、壓榨、逼迫、淚水的氣息，還有許多挖掘工人的影子……雖然我覺得渾身不對勁，但能夠來到這裡，完成這個行程，仍舊令人覺得值回票價。

◎柬埔寨

吳哥窟是觀光勝地，《古墓奇兵》蘿拉拍攝的塔普倫寺也是必去的景點之一。

二〇〇八年員工旅遊，我帶著媽媽來到這四十二度的高溫國度中，立在陽光下，就是暈眩；再登上一座座石磚建造的樓梯，甚至有傾斜到七十五度的樓梯（禁止十二歲以下孩童攀登，避免危險，如小吳哥），建造目的就是要讓你手腳並用，幾乎是趴在地面上的方式前進，以示對國王和神祇的崇高致意。

那時，我也以爲是天氣熱的關係，是不是我又中暑了？那時的我，還沒有進入修行的階段，還不知道爲什麼會常常頭痛，前文敘述過，那種頭歪一下、動一下就要爆炸的痛楚，常常跟隨著我，只要因爲工作上山下海，去到一些陰暗潮濕之處，就會犯上的痛，那時的治療方式通常是去按摩，或是回家請媽媽幫忙刮痧，那幾年，幾乎每天回家都要來那麼一下，刮完我才能好好睡覺和工作。

那五、六天，自然是一樣的情況，我一直處在頭痛的狀態中，但又得打起精神旅行，和同事一起遊覽名勝景點，每天回到飯店，頭都疼到簡直要我的命，媽媽還得幫我刮痧，我才能夠好好休息；夜裡還一直發冷，拿著大棉被包裹住整個人，只露出鼻子來呼吸，整個身體都是冷冰冰的……完全不知道怎麼回事……

某一天，導遊說了一段柬埔寨的歷史：

「一九七五到一九七八年，紅色高棉時代，波布當權，柬埔寨因爲內戰屠殺、飢荒、勞役、疾病而死亡者，總數高達兩百多萬人，相當於當時總人口數的三分之一，數量在歷史上僅次於希特勒屠殺猶太人……」

後來，我懂了。

第五章　修習開始

宗教，不一定是人生最後的救贖，但是在人生的最低潮無助時，「信仰」，絕對是幫助人活下去的力量。

◎ Began From Here

二〇一二年五月的某日，又到了我例行的面試時間。簡而言之，就是我自頂級進口車公司離職後，找不到任何工作的那十個月（當然，我應該去面試過全台北的科技公司、汽車公司、化妝品公司、飯店等）。

這回面試是個時尚品牌，結束後，我穿著一身暗紅絲質襯衫洋裝，懶洋洋的在遠企一帶的街上閒晃，腦子裡只想著要找個咖啡店小憩；這時，數年不見的、在宗教台工作的乾姐姐 E 忽然聯絡上我，我們可能有幾年沒見面、沒通過電話、電子郵件或是臉書！但這次是迅速地馬上約好，見了面；因爲大學時代，我們都一直是好朋友，直到離開校園，也都斷斷續續地有著聯繫，而E一直像親姐姐一般照顧我，兩人間的那種熟稔度，以及默契，都讓我們立即找回那培養多年的親密感與友誼，開始嘰嘰喳喳了起來。

聊天的過程，從近況、工作、感情話題默默地莫名轉向了「特殊體質」，E突然提出了一個建議：「我認識一個老師，妳要不要見見他？」有趣的是，我想也不想，直覺地點頭，於是我們往麟安站走去。

走了一小段，這一段正好是熱熱鬧鬧、車水馬龍的和平東路的另一面，這一面看來道路寬闊，但一面依山、一整排宿舍學校類的建築，另一排則有許多汽車機油的招牌，整條路在捷運站口，卻沒什麼人聲，安靜許多，只是循著巷子轉個彎，整個彷如天壤之別。一排的機油商標下，我們走到了「老師家」。

老師家是修車廠。外觀就是個小型的「修車廠」！這個景象讓我怎麼樣也猜不出裡面住了個高人，也就是我未來的老師之一。

越過修車廠前方，進到乾淨、充滿檀香香氣的小客廳，在舊舊的沙發上坐下，我和老師對看了一眼，老師理個平頭，穿著吊嘎啊、長褲，輕輕鬆鬆地坐在電視前，半側身地面對著我們。我還努力想把「老師」的形象和我印象中「老師」的形象比對的同時，老師已經睜著大大明亮的雙眼，盯著我，一開口就把我的遭遇及狀況說得清楚：

「妳是不是一直聽到很多人說話、看到很多人影、晚上睡不著、身體又不好……」

我倒抽一口氣，點點頭。

「這樣吧！」老師看了一下E，「妳明天帶她上山找M老師吧！」

這回，我完全連考慮都沒有考慮，隔天拉著媽媽和E，約好之後就上了山。心裡想著，這可能是我尋尋覓覓十多年來的救贖，或說是救贖的開端，我對這未來，不知該如何想像，腦子裡一片空白，但是，充滿了期待。

道場人生

道場在三芝，從北投出發，搭上捷運，到淡水站換公車，大約一小時，到了站下車，爬上小小的山坡，再一層一層爬樓梯爬到四樓，敬拜千手千眼觀音與其他神祇後，再到一樓財寶天王殿做完五體投地的大禮拜……我這輩子從來沒想過，曾幾何時，我竟然就天天這樣心甘情願、心神嚮往地搖搖晃晃上山，灑掃、讀經、禪坐，最簡單的動作，讓心完全平靜下來，捨去慾望，回歸原點。

這個「道場」，外觀的形式是座廟宇，白牆紅瓦，在山嵐的懷抱中，樓高四層，可以遠眺三芝海邊，左手邊就是淡水三芝的交界線，當然，也是我人生第一次接近、並試圖去了解所謂的「道場」。慢慢走近，我心中明亮：「我會在這裡待上一陣子！」但是，形式不知、狀況不明。

道場一樓靜悄悄地，分成三個廳室，兩側是會客及辦公室，藤桌藤椅，中間的大廳，供奉著密宗的財寶天王；悠悠傳來誦經的樂音，我們跟著聲音爬上二樓，走進主堂，好多人穿著傳統道教服飾，圍著佛桌，頌唱著我聽不懂的經文；主堂中央供奉著地藏王菩薩，周圍許多神祇。我看著看著，覺得眼熟，但是類似法會的儀式在進行，好奇寶寶的我，卻也不方便打斷。

我被領到一邊坐下，一個穿著全白、類似唐服的老師，臉型身形都些許福態，頭髮長長地紮起馬尾在後，坐在電子琴前彈奏，表情肅穆，但很親切，彷彿我在哪裡見過。聽著樂音，我雖然完全不知道經文的內容是什麼，但是感覺到微微暈眩，好奇感大過身體不適；半小時後，誦經休息時間，我未來的師父M，向我們走來，簡單解釋了今日在做金剛寶懺、藥師寶懺之類的誦經法會，要我明日再訪。

謝過之後，我們轉身下樓，在樓梯上，我眼前一片黑（進寺廟、見仁波切、昏倒，就我而言是常態），差點摔下樓梯，媽媽和E迅速抓住我，坐了半晌，我才能站起來，搭車離去。

第二天，E好心再陪我上山。走到一樓財寶天王的側廳休息室。休息區，就是一張長型藤桌、幾張藤椅，我心中充滿好奇，坐著就東看西看。也許昨日的寶懺法會結束了，師姐們都穿著制服似的白衣白褲，一臉素淨地過來遞茶、打招呼。日後，通常我（們）一到，就會主動幫忙打掃、倒茶、接待信眾或坐在這兒讀經。

可能是山上的磁場特別乾淨，因此，只要山區或不明原因的磁場經過，就會感覺很鮮明，常常會引得大家的敏感或不舒服，師姐們都會點起「無障礙」，除了淨化磁場，也有「結界」的意思，對平心靜氣也有相當程度的助益。

山上有三種散香因不同需求製作，分別是除障、淨化空間的「無障礙」；供養財寶天王的「歡喜財」；以及輔助平靜心情、適宜作爲禪坐輔助的「千手眼」，這些散香，都是師父一份一份親手混合製作的，也聽說都是師父一味一味擲筊，詢問克數而調配出來的「黃金比例」，我也曾經參與製作，很喜歡全身充滿檀香、沉香、豆蔻、肉桂、艾草、珍珠粉、五穀雜糧粉等，所有的味道都是我（現在）喜歡的；每次製作，我最喜歡的工序是在分配好的散香中，放入二十五片約一．五乘一．五公分的金箔，輕輕搓揉，把它揉進香裡，我也喜歡就著燈光，看著金箔碎絲在香袋裡閃閃發亮，就會覺得好平靜，即使白色衣褲全是卡其色香粉，也都無所謂……在山裡、道場裡、白色制服裡，一切都似乎變得無慾無求……但第一次聞到這些香，卻是超戲劇化的展開，我的「上山」修行之序幕！

不用上身、話好好說就可以了

第一次，剛到山上，我什麼都不知道，總是在一邊睜著大眼乖乖地坐上藤椅，像小 baby 一樣，好奇又笑嘻嘻地觀察著眾人的動作時，師父忽然點起「無障礙」，問我喜不喜歡這個味道？

這下好了，我掩著鼻搖手說不喜歡，旁邊的師姐們互看幾眼，互使了眼色，隨即拿過手邊的「歡喜財」和「千手眼」兩種散香要我試聞，我聞一聞，竟然不可止抑地大哭起來，一直流淚，把初見面的大家都嚇壞了！當大家面面相覷、才要回神時，我竟然哭著，感覺不是我在說話，是我身體裡的「東西」在說話：

「妳們爲什麼要這樣欺負我？」

師父驚覺不對，一把抓起我往二樓主殿去，跪在地藏王菩薩前，開始施行起一連串的動作與指法；儀式結束，我又哭了！旋即發現：我的聲音，我正在說話，翻譯著「我」說的話：

「我只是借住她的身體，我想要找我的骨灰罈！請你們幫忙！」

這時候的我，從儀式開始就一直僵硬著身體，不知道發生什麼事，到後來慢慢放軟，還看見在地藏殿外有個白色衣服的女飄飄站著，垂手垂目，不敢抬頭；好不容易和師父說完話，我站了起來，尾隨的師姐們驚奇地看著我：

「她的骨灰罈在那個方向！」我指道場左側的竹林，之後，她就消失不見了。

經過第一次的接觸之後，師父和大家發覺我和其他人有顯著的不同，決定讓我跟著，接續學習一些規矩方圓。

師父說：「妳的本靈不在身上（應該類似是所謂的「三魂七魄」少了一魂的意思），因此，妳的身體裡是空的，長期被一個女飄飄佔據，現在她走了，地藏王菩薩會渡化她！讓她去她該去的地方！而妳的功課，就是要經過修行的功課，讓本靈和色身合而爲一，才不會身體又被奪走，造成無法收拾的傷害！或讓惡靈使用了妳的身體，做出不可預知的事情或壞事！傷害別人更傷害妳自己！」

我似懂非懂（眞的不懂），第二天上山，狀況又來了！

才坐下，手放桌上，就一陣暈眩作噁不舒服，接著，馬上就全身僵直不能動，雙手緊握，只能用轉動眼珠示意；今天，大家倒是很鎮定，點香、拿淨水，師父上到地藏殿做儀式，下樓之後，我的症狀漸漸緩解，脫口說出：

「我要糖、我要找媽媽！」

大家一陣手忙腳亂地拿出糖果，盧了一陣之後，知道是個約略四、五歲的小男生（靈），坐在桌上，雙手抓著我的手，要我和他玩，聽他說話，不然他不要走，也就是說，他是個小小年紀就離開人世的小孩，似乎不知道，爲什麼自己會以不同的「狀態」生存著。

最後，因爲我離不開一樓會客室的桌椅，師父也只好自己到地藏王菩薩面前，求菩薩把這孩子給渡化了，會一週統一施行一次煙供、包含一些紙錢，讓他們能夠好好花用、安心上路。

師父應該才念畢，我在樓下就覺得手可以動了，我慢慢張開手，伸伸手指，緩緩站起，轉身走到門口，正好正面迎上幫我「處理」完畢的師父。

佛經與感應

修行是需要指導和一個「導遊」的。這是比較俏皮的說法，也就是說，需要一個指引者。

在此我說說幾次念佛經的經驗。

開始修行時，我對所有的佛教經典都充滿了濃厚的興趣，什麼都希望能趕快請一部來供在佛桌上、存在手機裡，觀賞也好、閱讀也罷、不求甚解也行，但總覺得，這是一個證明我的「存在」，和越來和神佛越親近的方式。

但，呷緊是會弄破碗的。

「衆生度盡、方證菩提；地獄不空、誓不成佛」（錄自《地藏菩薩本願經》），也是地藏王菩薩的大悲願心。

爲什麼要特別提到因其「安忍不動如大地，靜慮深密如秘藏」，故名地藏，爲佛教四大菩薩之一的地藏王菩薩呢？

由於我和地藏菩薩的緣分相當深，我從零到一，也就是完全沒有接觸過到念地藏王菩薩心咒約一萬遍，我就能夠感受到祂的存在、聽到祂的聲音、接受祂的指示，感應也很深刻，因此某日，心血來潮，我打開手機中的《地藏經》，認眞的閱讀了起來，速度很快（其實眞正讀經，是有較嚴格的規矩，後續會依我所受的學習解釋，僅供參考）。《地藏經》共有十三品，約一萬九千餘字，算是字數長度不短的經文之一，也可說是一本孝經，但是經中提到種種諸如地獄的景象，也是希望讓世人知道行善心善念的重要性，希冀一切衆生返染成淨，終至成佛，但是每一品，都像是個故事，我摘其中一小部分讓大家看一下，《地獄名號品第五》：

爾時普賢菩薩摩訶薩白地藏菩薩言：「仁者，願爲天龍四衆，及未來現在一切衆生，說娑婆世界，及閻浮提罪苦衆生，所受報處，地獄名號，及惡報等事，使未來世末法眾生，知是果報。」

地藏答言：「仁者，我今承佛威神，及大士力，略說地獄名號，及罪報惡報之事。

仁者，閻浮提東方有山，號曰鐵圍，其山黑邃，無日月光。

有大地獄，號極無間，又有地獄，名大阿鼻，

復有地獄，名曰四角，復有地獄，名曰飛刀，

復有地獄，名曰火箭，復有地獄，名曰夾山，

復有地獄，名曰通槍，復有地獄，名曰鐵車，

復有地獄，名曰鐵床，復有地獄，名曰鐵牛，

復有地獄，名曰鐵衣，復有地獄，名曰千刃，

復有地獄，名曰鐵驢，復有地獄，名曰烊銅，

復有地獄，名曰抱柱，復有地獄，名曰流火，

復有地獄，名曰耕舌，復有地獄，名曰剉首，

復有地獄，名曰燒腳，復有地獄，名曰啗眼，

復有地獄，名曰鐵丸，復有地獄，名曰諍論，
復有地獄，名曰鐵鈇，復有地獄，名曰多瞋。」

這其實只是很短的一小段，但對地獄的描述是清晰的。我在沒有點香、結界、沒有奉請的狀況下，讀完了《地藏經》。也許是我的方法錯誤，念完經書之後，我到了浴室洗手，猛然抬頭看見鏡子裡的自己，七孔流血，我當下眞的嚇壞了，尖叫著逃出洗手間。

師父教導我誦持經書應有的觀念

一、最好是齋戒沐浴，態度要嚴肅恭敬，環境要清潔肅靜，燃香端坐。燃香，有「結界」之意，也就是劃出界線，在持經讀誦之時，眾生不來打擾，也是潔淨空間的美意

二、《金剛經》上指出：「若是經典所在之處。即爲有佛。若尊重弟子。」意思就是有佛經之處，一如有佛親在，要戒愼謹愼，不可嬉鬧，必須要尊重誠

心。佛經不能拿來隨意摺疊、當成墊物或其他用途，需要雙手奉持。

三、要靜心，誦念開經偈：「無上甚深微妙法，百千萬劫難遭遇。我今見聞得受持，願解如來眞實義」。

四、盡量完整受持讀誦一部經文，並為他人演說，其福甚多。

五、回向。

防護罩

如果，夏日正流行的「防曬噴霧」，可以形成肉眼可見的保護膜，而你也相信那「薄薄的一層」的眞實性與功能的話，那你一定相信我接下來的所見所聞。

一樣，在山上。

今天，我稍微晚到了一點，一樣換好衣服走到休息廳，準備今日的灑掃庭廚和功課，還有，新狀況。

我背向大門，擦著桌子，忽然一個鬈髮的、我還不認識的師姐W踏進來——師姐聲音宏亮，人高馬大，我立即就「感受」到了，因為還不認識，因此我就小心地看了一眼，這一眼看清楚了W的長相，也看到了……師姐頭頂藍色的、超級巨大的、高至挑高天花板的、六臂「生物」（請原諒我不敬的說法，那時候，我還不知道那是什麼）！我嚇得退後一步，左右看看，E還坐在位子上和其他師姐聊天，其他師姐冷靜沉著一如往昔，各自做著各自的事情！

「救命啊！那到底是什麼？」我邊退後邊在心裡大叫！不吶喊還好，這一吼，好像喚醒「祂」了！祂開始向我的方向吐出或說伸手張開透明像泡泡的「防護罩」，力量很大，休息廳可以容納十多人，我卻因爲那股力量一直後退，直到撞到右側的經文櫃子，引起了E的注意。

這還不是最糟的，泡泡防護罩持續擴大，廳裡五、六個人穩如泰山、沒有動靜，我卻被大泡泡逼退到牆角；最後，明明看著偌大的空間，我卻沒有地方進退，只好後退到門口、跨過門檻、退到走廊上，甚至還後退了幾公尺，抓著窗框才停住！

E追了出來，問我怎麼回事，我如雕像般無法動彈，只能動嘴地認眞重述了一遍，E忽然就拉起我的手往門裡走，偏偏又拉不動；她認眞地、用力地拽了幾次，大動作又引起了師父和師姐們的注意，紛紛往我們這看來。

E只好拉著我的手，門裡門外地邊笑邊解釋給大家聽，我想我也一定一臉尷尬又無奈——我們認識了快二十年，卻不知道互相有這麼搞笑的一面；W師姐聽完之後，又笑又一臉驚訝地道歉，念完心咒，我忽然就能動了。

追究原因，才知道，W師姐之前是追隨密宗，長年都會念著「護法」的心咒，來保護敏感的體質，降低干擾，但是W是感覺得到、卻看不到的，應該說，多數的人都是這樣的，因此，我就很快地變成了大家的「眼」（大唱：你是我的眼……）。

回到主題上，我看到的是什麼呢？「整個藍藍的、六隻手、牙齒外凸、長得……有點可怕……六隻臂膀揮動，張牙舞爪嚇我，好恐怖……然後又張開泡泡……擠得我沒地方走，還要趕我出去……」想必我的聲音相當委屈，大家都笑了！

「那是六臂的瑪哈嘎啦，我念心咒就是祈請召喚祂，祂是護法！」「應該是發現妳是陌生臉孔，又可以看見祂，才自然而然張起防護罩來保護念心咒的人。」

從此，「泡泡師姐」之名，不脛而走。

法會

開始修習的時候，師父就一再提醒，我有三關要過：「鬼、護法、神」的考驗。阿飄的考驗，無處不在，他們的磁場深深影響著我，特別是所謂農曆七月的時候。

很多人會問我，「是不是鬼月阿飄特別多？」

就我的理解、感受與所見，其實，是「密度」問題。

打個比方，也許某一座山中，原本有一百個阿飄，四散在山林各處，但在鬼月祭祀法會的時候，因爲紙錢、食物等的供養，他們全都聚集到寺觀處，我曾參加過幾年農曆七月法會，那陣仗眞是驚人啊！

山上的大師姐，會依循慣例，帶著香、法器、紙錢等，沿著道場周遭，招呼四周圍的好兄弟前來領取這些金銀財帛與食物的布施，也就是說，當我站在山坡上方，看著搭建在斜坡上的法會現場，除了拜祭的亡靈、冤親債主外，還有一整片灰鴉鴉的影子，也就是眾生們，那種巨大的、壓倒性的、令人不舒服的磁場，往往都讓我頭痛得要死、拚命咳嗽、狂乾嘔、噁心；雖然我抱持著服務信眾的心態來協助法會的進行，心情也很開心滿足，畢竟能夠貢獻一己之力於無形，也是一種功德，但是第一年法會結束後，我根本在家躺了一週，第二年大概也五天，第三年有稍微好一些，只有不舒服了約三天的時間，每天就頭痛、作噁，覺得沒有精力、體力，就是睡。

記得在一〇一大樓工作那幾年，農曆七月，我除了整個月都有氣無力、每天臉都白得如紙一般，還頭暈不舒服、滿臉疲倦，但只要時間一過，我就又生龍活虎了起來。

一〇一鬼月的祭祀儀式，使用側邊的廣場，搭起長帳來，每家公司的供品都堆得像小山一般高，同事體諒我，我也不用擠向前拿香等等，我就站得遠遠看好兄弟們流著涎，在供品堆裡挑呀揀的，搞得我頭暈到不行；經過幾年的練習和功課的累積，現在七月是好多了。

翻譯工作開始

山上奉持的是融合佛道、自成一格的妙宗，主要信奉的，是千手千眼觀世音菩薩，我們乘坐「古佛」，是南海古佛的「分靈」（很像《哈利波特》的劇情對不？）。

在我們眼裡心裡，師父師姐敘述裡，神祇都是有個性的，古佛尤其嚴格，非常慈悲，卻相當嚴厲；我們常常貪快，要問事情的時候，總在二樓地藏殿就擲筊相問，或是一樓財寶天王殿就雙膝一跪，但往往就是笑筊，這時候，我就會知道或聽到：「古佛不同意。」

接著我就會把話帶給師姐們，大家就會蹦蹦蹦地爬到四樓，在古佛面前千求萬求，再下樓來地藏殿或財寶天王跟前再詢問，就是聖筊或笑筊……屢試不爽。

頭幾天，除了面試外，我都天天到山上報到，打掃、點香、念《金剛經》。

一天，一個信眾，看來氣色不太好，上山來找師父，我通報之後，就乖乖進到財寶天王殿做大禮拜，順手打掃一下。「大禮拜」就是五體投地的大禮，拜的方式就是從拜揖的站姿、跪下，往前趴，直到額頭著地，即是五體投地。師父說，出家眾每天要做一百零八拜，身體要夠好才有辦法完成這樣的跪拜，別小看這樣的動作，是眞的不容易的，很多信眾前來，連做一下都很吃力，能做完二十一下已經很不容易了！

做著做著，我忽然直覺到應該要上到二樓地藏殿去，我走上二樓，師父正在幫信眾祭改，一個師姐H在一旁幫忙遞令符、淨水與法器。師父看到我走近，點頭示意我不要離開。我們兩對看，垂手立在一邊。

師父帶著信眾在地藏王菩薩跟前的蒲團跪下，簡單跟我敘述了信眾父親的狀況：信眾的父親罹癌，急需開刀，在猶豫是否要上來台北，這樣家人才能夠照顧他，但交通長途，又不知道該送哪裡？

師父看看我、師姐也看看我，我只好看看地藏王菩薩，說：「呃……建議您上來台北，您要不要擲筊確認一下？」信眾點點頭，兩個聖筊。

大家又看向我，我又看看菩薩像：「送和信醫院，您確認一下好嗎？」信眾有了笑容，馬上擲出兩個聖筊。

師父點點頭，帶著信眾下樓，我還一臉疑惑，H師姐拍拍我：「做得很好喔！」

師父走來，要我們也跪下：「問問菩薩，妳們要幫忙念多少遍經文或心咒？」

我擲了筊，是要幫忙念觀世音菩薩佛號一千次。

我現在得要念超過十萬遍的地藏王菩薩心咒、觀世音菩薩佛號一千遍，還有嗎？有。

感應

經過了一段時間的功課與學習，我對收到「訊息」這件事，從一開始的慌亂、不知所措、懷疑，到後來慢慢的可以分辨傳來訊息的對象、理解內容，到正確傳遞，也是經過了大約半年的時間。

頭一次接受到訊息，是開始念地藏王菩薩心咒之後，從前只是聽到像蚊子般嗡嗡的聲音，現在可不是了！現在是「講話聲」，越來越密集、內容越來越清楚，甚至到了那種像惡魔與天使在腦子裡吵架的感覺。

我在捷運上，收到好多訊息，不斷地傳送進來，一直要我聯繫某位師姐，交代我要做什麼，要快、就是現在、不要再等待……我在捷運上，跟腦子裡的聲音分析又對抗，偶爾還要嫌祂吵，可能，其他乘客都覺得這個人怎麼怪怪的？幹嘛跟空氣講話。

再隔幾週，腦子裡的聲音速度變慢了，但變得很清晰，除了地藏王菩薩的「聲音」（其實是腦波）訊息外，我竟然可以聽到，供奉在師父和一些師姐經營的蔬食餐廳裡的瑪哈嘎拉（唐卡）的訊息：餐廳後方是荒地，許多眾生在那，磁場也影響了在房子內工作的人們的情緒，菩薩要我們去請瑪哈嘎拉來供著，餐廳的小意外狀況就會減少！我傳達了，也請來了一幅精美的唐卡，從此，廚房裡好像氣氛就融洽些，一些很莫名的小意外也減少許多。

再來呢？所有的事情都是循序漸進的。

我雖然遲遲無法接收千手千眼觀音的訊息，但是可以聽到路旁土地公廟的土地公公、婆婆的聲音了！祂們很熱情，常會告訴我，山上誰來了之類的訊息，我也常以此驗證我的收訊是否正確。祂們也曾幫一些師姐們，提供購屋換屋的資訊，順利成交之後，都會準備澎湃前來感謝。所以，土地公、土地婆是我們的好朋友，真是一點都沒有錯。

現在，我不會和腦波吵架了，收到的感應訊息都明確多了，也不在腦中聚集那麼頻繁的訊息與畫面，但偶爾會自說自話，或是想到什麼事需要請教祂的時候，就會看到我可能一個人在自言自語，或是放空一般的發呆，那是正常的。

過三關

以下的內容，其實連我自己回想起來都仍然覺得不可思議，雖也並非「餘悸猶存」

或是「回味無窮」，但卻都是很難得的記憶與經驗，和大家分享，也希望許多和我有類似經歷的朋友們，要挺過去！

我可以，你也一定可以的！

當我開始接觸修行的時候，山上二樓主殿供奉的主神就是地藏王菩薩，神龕下供奉的是雕得非常可愛、Q版的虎爺；我總覺得地藏王菩薩的聖像很面熟，好像是陪伴著我自小看到大的感覺。一般的觀念上，對祂老是又畏又敬，還帶著小時候在南部廟宇裡，看過陳列地獄場景、長長甬道中的恐怖印象，但我沒有。其實，在宗教這個領域，我是張白紙，沒有受神祇的形象觀念所囿，但我深深地感受到與祂的緣分和感應，怎麼說呢？

上課了！Lesson 101，念《金剛經》、找到保護神、安駕、念心咒，學冥想打坐，這是師父教導的功課（當然，還有觀察緣分、拜師的儀式），我這沒定性、沒耐性的，一分鐘不動都很難過的過動兒，打開《金剛經》的剎那，非常冷靜、穩定地，竟然可以乖乖地在短短十五分鐘內把一本《金剛經》念完！熟悉《金剛經》的都知道，它有三十二分，算是平日常讀誦的經文裡長度略長的，通常都要二十至三十分鐘，才會結束一遍的念誦，但我第一次念，怎麼會這麼快就完整念完？

「妳上輩子就在修行，上輩子就在念誦經文了，熟悉的是妳的靈魂，靈魂是有記憶的，」師父說。

接著，在拜師的儀式裡，我接過了據說是屬於地藏王菩薩的令旗，俗稱「陰陽旗」，也就是要做人間、也得做陰間的工作。沒概念的我，伸出雙手靜靜地接下，這支令旗代表什麼呢？

「貓來！」師父手寫了地藏王菩薩的心咒，紙條交到我手裡，「有空就持咒，地藏王菩薩會保護妳！妳也會慢慢和祂有感應！」師父這麼說，是因爲我非常的敏銳，在山上的道場裡，磁場相對乾淨，因此，動物靈、地靈、阿飄、神或任何磁場經過，我都會看到或感覺到，甚至有比較令人不舒服的磁場，我就會先其他人一步，開始「哼哼」的乾咳嗽，嚴重的時候，會咳到乾嘔、流淚，甚至暈倒！所以大家索性叫我「消防鳥」*（聽說是在火場救災時會先放出白文鳥類，因爲白文鳥肺囊小，如果空氣中有化學或是毒物，會迅速掉落地面或死亡，火場救災前常放出白文鳥來探測，降低人員傷亡，但現在已較少使用），每次一有狀況，我先發難，大家也會迅速尋找掩蔽物，來保護自己和其他人，避免受傷。

何謂冥想／禪坐／靜坐／打坐／Meditation？

其實，對所謂「禪修」、「打坐」、「入定」、「冥想」等概念和儀軌的界線及定義，我是很模糊的，但這短短幾年來，除了剛上山第一年，每天念完一遍《金剛經》，確實強化了我的靈魂，雖然總是沒滿血（編按：打遊戲用語，滿血就能死而復活），但確實有進展，技能有進化；而「打坐」，是近期幫助我最大的！短短兩個月，我已經有了之前二年的功力，好像忽然任督二脈打通了，練到了九陰眞經玉女心經至眞至善的境界（妳太誇張喔）。好！這只是比喻，極度明顯的誇飾法，但總結就是，從過去

＊節錄自台北市政府消防局。通常消防鳥採用的鳥類爲文鳥……平均壽命約七年，爲何成爲消防鳥？原因是小鳥的肺囊小，當空氣中有毒化物質時會迅速反應甚至立即死亡，對於像瓦斯漏氣的偵測、其他不明氣體的偵測，或者像是日本所發生的公共場所遭受沙林毒氣等的攻擊，消防鳥可於第一時間反應，讓消防人員搶救災害時有所警戒，避免有人員傷亡。

走到哪只要一點「東西」就搞倒我，到現在去日本只有德川家康家墓群讓我頭痛了一下，這樣的進步我已經可以獲頒年度最佳新人獎了吧！

（拜託妳正經一點！）

什麼是靜坐？

「靜坐」緣起於印度瑜伽，網路上有這樣的說法：「人從生下來，腦內約有一百四十億個腦細胞，其中只有二十五％左右的腦細胞在工作，而靜坐的人可能有五十％的腦細胞在活動。」也說打坐能夠消除萬病，安定心緒，由戒生定、定生智慧……各種好處，請洽谷歌大神；另一方面來說，靜坐是需要好的身體（血液循環要好），好的耐力、持續力、定力。

其實，這眞的是一門高深的學問。我曾聽過如廣欽老和尙的長年閉關、神父的七日、同修的八小時打坐……這樣解釋，請你在家中，找個安靜的地方（請不要在床上和浴廁裡馬桶上打坐喔），墊上不軟不硬、坐了舒服的墊子，閉眼，簡單單盤、雙盤或是散盤坐姿，計時一下，你可以盤坐多久就會因爲腳麻邊罵×腰、邊掙扎爬起來

（一切靜坐儀軌學習，請洽你的導師）。

長度重要嗎？

我說的是打坐時間長度！

這可能眞的看每個老師教法不同而有差別；我個人承老師教導，認爲貴在精，時間「長」、頻率「常」，當然好，但眞正有效用，讓你血脈通暢、氣血運行、內丹平順聽話、老師教的功課有完成、心靈又安寧平靜，才是一次成功的打坐；靜坐同時都會全身發熱，有時我都希望有機會能在雪中靜坐；當然，我也常失敗，心靜不下來、腦子混亂、氣不順等，都常發生，這時老師就會說：「秉持自然中道，無法控制就讓思緒翻飛，讓心引導妳」，但打坐眞的是一種治療，也就是所謂靈療、氣療，後續有許多例子，可以令大家感受靜坐的重要性與幫助，特別是無形的靈魂受傷的時候，修復治療的協助。

我認真地看完冥想（Meditation）與宇宙能量的關聯之後，開始學習靜坐。

通常，我們會在沐浴之後，穿著平日的服飾、焚香結界（一切靜坐儀軌學習，請洽你的導師），接著第一步，坐在靜坐用的蒲團上，臀部的位置稍微墊高，可以雙盤、單盤、或是散盤（腿）坐姿，縮小腹，挺直背脊，雙手拇指相合，雙眼可微閉或微張，這個姿勢，是模擬金字塔四角錐的形狀，據說也是最佳的能量、磁場的接收與放大器的概念，因此最能接受宇宙的能量。

第二、奉請。奉請保護你的神祇，讓打坐的過程，無論是沉澱或是靈療的修復，都能有力量護助，避免外靈干擾或趁虛而入（依各宗各派教法不同而異）。

但是，頭幾次的打坐，對我來說真是折磨。

首先要調整呼吸，讓蕪雜紛亂的心思慢慢平靜，而要怎麼樣才能專心呢？

「數息」

也就是數算呼吸，是幫助平心靜氣、穩定心情與專心的方式之一。天知道，這有多困難！我才坐下不到三分鐘，開始東想西想，思緒紛雜，完全無法靜下來，然後就忍不住張開眼睛，看四周圍的師姐們打坐時發生的「異象」：有看過師姐似乎拿著「無形」但我看起來是有形的法器類似做著武術或招式練習（想像《哈利波特》的妙麗或是榮恩，手上拿著魔杖，眼前有書本或是羽毛在飄浮翻弄的畫面）；也有師姐會做起瑜伽式的動作，整個人拉筋、下腰，移動到蒲團之外等等。大家都看不見，而我是少數可以看得到這些異象的人，因此打坐完，大家也會圍繞著我詢問一些他們在禪坐中的感受，和實際外在展現的樣態，作爲比對。

後來慢慢地練習，還有一套類似瑜伽的達摩二十四式，是伸展肌肉筋骨，也對部分穴位有幫助，是保健的體操輔助，約兩、三個月後，打坐時間慢慢從三分鐘、五分鐘、十五分鐘一直進步到二個小時，自然對色身、本靈都有很大的助益。

不同的宗教都有相異的教學方式，但我目前接觸過的，都相當注重禪坐的修習；我也可以提供西方「冥想」的視頻供各位參考（請上 YouTube 搜尋「靈性的實像」作爲參考）。

（一再提醒，一切靜坐學習步驟，注意事項，請洽你的導師。）

所謂的「三關」是什麼呢？

據師父的說法，是「阿飄、護法、神佛」三關，也就是說，我在修行過程中，會有來自各方的考驗，我初聽到，還想說其實人比鬼都還可怕呢！

阿飄的考驗　玩命關頭

這條小路，忽寬忽窄、曲曲折折、彎彎曲曲，有的路面旁邊沒有圍籬，離深谷就幾公分距離、有的路段樹蔭茂密，陽光都無法灑落穿透、沿路有不少大小寺廟、餐廳，甚至看夜景處，背後就是天主教的墓園……那段時間，敏感又虛弱如我，理應是避免走這條路回家爲佳的，但眼看著週末晚上七、八點，淡水到北投就得要花上二小時這樣的塞車路程，大家自然而然非常好心地，選擇走小路送我回家，只要十五分鐘，省時方便，指標明確。

師姐們都和我一樣敏感、敏銳，也只能說，每次走這條路，大家都戒愼恐懼，也是每次都會有點不舒服，或是就像那個晚上。

師姐帶著女兒，非常好心的要送我回家，她們住在新店，也希望能省些時間，因此，我們關上車門，準備好「給西」，就出發了。

一路開開開，師姐一路持咒，另一位和我聊天，前十分鐘也還順暢，我們還有說有笑；行經應該是一片林子，我開始覺得不舒服、喉嚨很緊、喊不出聲音！

師姐們問了幾句，發現我問話不回，迅速關心我的狀況，這時候，我已經不能呼吸了，舌頭外吐，一手緊緊抓著自己的頸子，一手伸長往前抓，試圖求救……

師姐嚇壞了，我們又在下坡彎路上，沒緩衝區也沒法停車，師姐媽媽只好一手抓方向盤，右手放我頭上（危險動作，請勿模仿），和女兒一起伸手持蓮花生大士的心咒，幫我驅趕「壞東西」；持咒越來越大聲，但我無法呼吸、無法說話，臉部想必因窒息與痛苦而扭曲，手指僵硬捲曲，人縮成一團，但是我的意識很清晰，我知道我很痛，死命奮力掙扎抗拒……到最後，我的最後印象是我在掙扎、疼痛和持咒聲中昏了過去……

好不容易到了北投山下，她們不斷搖晃我，繼續持咒，我才慢慢好轉……她們細問我，我才慢慢回憶起剛剛經歷的恐怖旅程，可能語音裡還微微顫抖著：

「剛有一個『人』，一整個『男人』，硬是要從我的脖子後方把頭和『人』塞進我的身體裡，我極力抗拒，但他硬是要塞，我很努力了還是沒辦法抵抗；頭塞到胸口，我就覺得我的胸腔要爆炸了，不能呼吸，肋骨要斷了，很痛很痛，覺得要死掉了……」

「好險有您們幫忙，我的小命才留下來……」

以後，只要師父不在車上，我們都不敢在夜裡走那條小路了！

接著還有許許多多諸如此類的考驗，讓我們繼續看下去。

護法的考驗

阿飄的考驗似乎告了一個段落。

我接著常常被告知後續的考驗，一回，晚上九點，正準備搭車下山，才踏下樓梯就全身僵硬，眼前一黑，昏厥過去，師父、師姐手忙腳亂但亂中有序的（因爲常常昏倒），抬頭抬腳地，把我抬進會客室的椅子上，一個弄符水，一個噴淨水，師父拿著香，嘴裡振振有詞，我硬邦邦的身體、緊緊握拳的雙手才慢慢鬆開來。眼睛緩緩張開，嘴唇也不麻痺了，彷彿有人控制我的身體，不讓我移動一般。好不容易恢復正常，大家鬆了一口氣，這樣折騰也花了半個多小時，「怎麼了啊？」師姐問。

「我要走之前，忽然發現有一個『人』站在我背後，非常非常靠近，後來，他就貼近我的身體裡，我就昏倒了！」

「師父把他趕走了？」

「是！但他不是阿飄，是個小神，類似土地公或是山神、王爺之類的！」

「……」大家面面相覷，覺得考驗要開始了。

一天，我在二樓地藏殿禪坐，出定的時候，忽然硬生生的不能動，頭非常的疼痛，師父看我情況有異，把我整個人硬搬到長椅上坐下；我無法說話，只能轉動眼珠，師父抓著我的肩膀，拿著令旗就揮舞了起來……一陣子之後，我的身體鬆開了，但是，師父馬上用手指圈住我的頭，我的頭超痛，就好像兩個人在拔河要我的頭一樣，另一邊，感覺有人「勾」著我的頭不放……就這樣，師父與「那人」拉鋸許久……我只能痛得臉皺在一起，默默地等這時間點過去。

過了我覺得有如一世紀的幾分鐘，終於，頭不再痛了！咦，我的眼睛可以張開了！我的手指可以動了！我張了張手指，慢慢張開眼，師父坐在一邊，等著我：「剛剛那個長得像金色夜叉的傢伙，想要搶我的身體去用！」我敘述得亂七八糟、顛三倒四。

「我把祂趕走了，祂是個壞的護法，心有惡意！」

「對啊！祂好壞！師父把祂趕出我身體的時候，祂還兩隻手指勾著我的的頭不肯走，害我頭超痛的！」我揉揉頭，覺得可能頭頂和太陽穴都是瘀青的。

「沒事了！祂們就是趁妳靈不穩，想要侵入妳的身體，作爲祂用！」

「……」

接著又過了幾日，大家齊聚會客室，要摺元寶蓮花時，有一個全身藍色和另一個一身烏黑的夜叉，一直繞在大家身邊，像是搗蛋，又是作弄，讓大家渾身不舒服，還有人頭昏、生病，我呢，則是一直一直咳嗽，就如往常一般。

「這樣下去不是辦法。」師父請了一個類似網子的法器，希望將兩個「繩之以法」，但師父並不是可以直接看得到祂們的，因此，我和感情好的兩個小師姐，就像在做線上導遊一般，指揮著師父和師姐，抓起那一藍一黑的夜叉。

是的，這劇情完全像演布袋戲一般，我們兩個看著他們從道場門口一路打到會客室外，又打進地藏殿前的供桌處，然後跌進法器裡；我們也沒有想到，我們「看到」的劇情是相同的，可以連結，最後還可以幫師父抓到祂們！這齣鬧劇整整花了兩個小時，那時的我不懂，用我的靈的力量去觀看這樣的事件，是超級耗力的！一結束，大家歡呼後，我整個倒在床上完全無法動，身體動不了，感覺是精力體力完完全全被抽乾，疲倦又乾枯。

經過很長的時間之後，老師教導著：「看前世觀事的門，可以隨時都關著，有必要再打開，自然就不會累了！」

感應是眞的很累的！

神的考驗

神，到底會給什麼樣的考驗呢？

我眞正開始修行的時間非常短，跟長年修行的在家居士相比，時間上我是學前班；但我經歷過的大大小小的「折磨」，卻可能比一般修行者多很多，因爲，每個老師總說，「祂們」急著讓我趕快「長大」，因此濃縮所有的教學課程，在最短的時間內，務求把我教會（那爲什麼讓我找了十幾年？）。加上我可能因過去多世的修行，靈魂的記憶和能力程度甚好，因此，每個老師都會說，我的靈魂太聰明，但我人身太笨，又執著著人的習性、惰性，因此，只能用獨斷、極端的方式逼迫我加速學習。

因此，我之前有十個月沒有工作，現在又半年，必須把眼耳鼻舌身意和物慾降到最低，用全心完成祂們希望教會我的功課——相信。

相信就有力量。

「窮則獨善其身，達則兼善天下」，這更是神給我的考驗，掙扎在人性之間的考驗。

番外 人的考驗

我要說的是：不只是天地間的考驗，只要是「人」，都還得要面對很多「人」的考驗，而且更防不勝防、避無可避。

一回，和朋友們一同去見了一位居住位置偏遠的老師。

朋友們形容老師謙和有禮、法力高強，希望我也去和老師見見面，學習感受一下老師的智慧；我保持禮貌，只是因爲答應了要一起去碰碰面、聊聊天。到了一個偏僻區域，類似像教室的老房子、老街，所到之處，環境昏暗，室內點了日光燈，還供了不少尊佛像。我坐下，看著他們進行一些儀式，說了幾句話，也傻傻沒有防備地任由那位老師在我身旁繞來繞去，說是幫我看看前世，但口中念念有詞、形影飄忽。

聚會剛結束，我覺得還好，但還沒有離開那裡，人已經有些不舒服，覺得練了好幾個月的防護罩似乎出現了破洞，就像《星艦迷航記》一樣，被敵軍的原子光子武器攻擊，就會受損一般，那種破洞受傷的感覺好明顯。我忽然覺得好疲倦，忽然變得好敏感；隔了幾天，我又開始會被周圍的阿飄的磁場影響，甚至被攻擊，狀況維持了一兩個月之久，只好又求助於我現在的老師。

這個情況，朋友的形容是：就像宮崎駿的《魔女宅急便》裡的小魔女一樣，法力消失、削弱，騎上掃帚也跌跌撞撞、飛不太起來一樣，是失去法力或魔力的感覺，很是貼切，後續大家看到「前世今生」一章中，我狀況不好，常常問事需要問問就休息的幾個例子，就是小魔女琪琪魔法變弱的那個時間點。

此外，我也節錄一兩小段做功課時的感受和片段分享，當然，要不著相，是需要練習的；祂們會以我可以了解的方式，顯像讓我看，也協助老師解釋進度時的依據。

「修復日三——祂要我做個六、七次功課，就應該能解除這個狀況，今天第三次嘗試。平常力量很大、又熱呼呼冒著熱氣感的內丹，今天無法在丹田前、拇指互疊的手心裡聚起來，力量很消散，甚至，發出冷氣，整個人都冷冷發熱；我聽到指令，雙手合十，才慢慢感覺有熱能流動在掌心，當我將熱流慢慢、慢慢推向丹田，像煮水一樣把身體溫熱，身上好多點，劇烈地痛起來，接著，忽然感覺身體有一層黑霧，從身體右側緩緩向左方被撕除掉……」

其實，我實際的修復日不只一週，經過老師的幫助，加上每日勤勞的禪坐，前後約莫經歷了一個月，好不容易把破洞修補起來，人也比較舒坦，沒有那麼多侵擾，生活好像也比較平順一些了。

站在四臂觀音前，老師皺皺眉，說有的人會希望同化妳，將妳吸收納入他的門下，因此，有的人可能會開口希望妳加入他們，而有的人則明裡或私下暗著動手，破壞妳現有的修行，告訴妳卡鬼、卡陰，或是靈魂需要歸零、洗滌，所以……

我被下咒了。

而且這咒，下得不輕。

第六章　修習小記

不說「修行」，是因為我邊修行、邊學習，學習的比例還更高一些。

◎修習小記 I

當我剛上山學習的前兩週，整個靈非常不穩定（隨時會被劫走或跑走）、敏感度破表、氣虛又濁雜，完全沒法控制自己的時候，還在努力學習穩定，好死不死，一牆之隔的鄰居正好在家中辦喪事，做法事，這下可好了！凌晨五點起，我就會從睡眠中忽然被招魂鈴給吵醒，住宅區裡都不會有擴音，因此，同是枕頭後方、一面牆後的家人都聽不到，偏偏我就聽到快崩潰了！左翻右轉，怎麼樣都再也睡不著了！

這還不打緊，那日早上六點多，我忽然又在鈴鈴鈴中驚醒，今天還有朦朧中被很多人拖著拉著扯著的感覺，張開眼，上百個灰鴉鴉的阿飄，從窗子上方的天花板往下衝進房裡，看不清楚臉，但每個都深深地吸取我的靈魂（對，就是《哈利波特》裡，老是在天空飛、拖著黑黑衣尾的黑色食死人那樣，一片黑色衝過來，吸走哈利的透明靈魂！你怎麼知道J．K．羅琳沒有特殊體質？）。我眼睜睜地被左拉右扯、覺得靈魂被一片片剝下、抽走，全身僵硬冰冷，漸漸完全無法動彈，無法反抗（明明就是夏天熱得半死，我家不開冷氣的）。我知道下一秒我就醒不來了！我用盡全力、意志力、奮力彈起身體，伸手抓起手機，按下師父電話傳了簡訊（就是哈利在禁忌森林湖邊，和天狼星一起被食死人攻擊、癱軟在地、但仍掙扎奮力喊出護法咒那樣），印象裡按到「救命」，就完全失去意識昏厥了過去。

不知道隔了多久，在關渡的乾姐姐E衝到家門口，狂按電鈴（我完全沒有聽到），把坐在客廳看股票的媽咪嚇了一大跳，從沙發上跳起來；據說E是衝到我房門口撞門大吼我的名字看沒反應用力開了門我才醒來，似乎是三十至四十分鐘的時間沒有意識，她們打了十多通電話，手機我緊握在手上，但我也完全沒聽見、沒有回應……到這個階段，另一牆之隔的媽媽，是完全不知道也沒有感覺的。

炎炎夏日三十六、七度，但我竟然可以全身發冷、嘴唇發白，整個人像被掏空的行屍走肉般，拖著所剩無幾、微薄的意識，像一週沒睡地飛奔衝去找師父處理，之後再拖著沒知覺的身體，到三芝找另一位師父；師父要我打坐。

我默默盤腿坐下，唇齒發顫地閉上雙眼，祈請後過了一段時間，我開始平靜下來，忽然在打坐的冥想空白裡，發現自己靈魂似乎有形狀和體積空間，就像我的身體多出了三分之一，不但並非完全與身體重合，更是在身體的外側、左側，凸出約有十五至二十公分，我覺得頭很暈、很冷；但這時，我忽然感到一陣暖意緩緩襲來，包圍我，同時，凸出的靈魂，被一股極大的力量、也就是地藏王菩薩的一隻大手，慢慢慢慢地「推」進我的身體，直到完整地與身體的形狀重合重疊……於是，我又恢復活蹦亂跳的我。

但是，飄飄的磁場，都有我們稱的「殘留」或「餘毒」，還是必須要不斷地做功課，來排除掉殘餘在身體內的負能量。

（以上爲個人經驗，有任何狀況請急洽你信任的老師，切勿自行處理。）

◎修習小記II

記得第一次，打坐中進到比較完整的顯像，是在師父教大家請唐卡，隨身保護自己的時候。那時，我默默地領到了蓮花生大士的唐卡——蓮花生大士是誰呢？根據佛陀教育基金會網站*的解釋：「蓮花生，印度僧人。八世紀後半期將佛教密宗傳入西藏，藏傳佛教尊稱他爲洛本仁波切（軌範師寶）、古如仁波切（師尊寶）、烏金仁波切（烏仗那寶）。」

我知道可能有點難以理解，下面再解釋一下蓮花生大士在密宗及藏傳佛教的地位有多重要。蓮花生大士是紅教創始開山祖師，又是西藏第一個教派，所以又稱爲舊派、古寧瑪巴。大士應藏王邀請，前往西藏弘法調伏黑教，使其藏民能改信正統佛教。藏傳佛教認爲大士是阿彌陀佛意的化生，親身示現不生不滅之眞諦。由於祂把佛、法、僧完整的聞、思、修體系在西藏建立起來，所以祂是藏傳佛教最重要的導師。

也就是說，如果沒有蓮花生大士，恐怕就沒有今日的西藏佛教，祂也是印度佛教史上最偉大的大成就者之一，意味著蓮花生大士可破五毒、降妖伏魔，祂的心咒自然力量也無比強大！當日，我馬上背會了心咒，在打坐的時候，師父指示可以奉請祂，會有不可思議的預見或現象。當時，我正好心中對一段感情有些許執著，我和他的

「前世」就在我的冥想禪坐中顯像了！而且是一入定，立即！馬上！

（故事請見「我的前世篇」沒有緣分，也許因爲緣分是數千年前就牽好的，千年之後，誰還記得誰？」。）

一出定，我馬上告訴師父這個令人驚異的事情，師父也是微微笑，「現在妳知道，蓮花生大士的法力有多麼大了！」

到現在，即使心咒很久沒有使用了，我還是記得喔！

「唵阿吽　班雜古魯貝瑪悉地　吽」

之後，我看到幾世我的「前世」，都是經由這樣的冥想管道。

---

* 佛陀教育基金會 http://www.budaedu.org/doctrin/t80.php *https://books.google.com.tw/books?id=w8JJaSaSwuUC&pg=PA52&lpg=PA51&ots=Eviyzpbxbz&focus=viewport&dq=%E8%93%AE%E8%8A%B1%E7%94%9F%E5%A4%A7%E5%A3%AB%E5%AF%86%E5%AE%97%E4%BF%AE%E8%A1%8C%E8%A6%81%E6%97%A8&hl=zh-TW#v=onepage&q&f=true

◎修習小記III

也是在約一兩個月後，打坐的狀況稍微比較穩定後，也就是我可以安定的坐上超過半個小時之後。

某日打坐時，我看見古佛的佛像，就像是我每天一到道場，就會上四樓跪拜的千手千眼觀音古佛金像，我看著，以爲有什麼指示或交代，等著等著，就一個女子、飄飄白衣、長長髮絲、古裝扮相，從佛像中緩緩飄降在我面前……長得很清秀、小小鵝蛋臉、皮膚白皙……我們對看，但我不懂這樣的無聲的「對話」是什麼……

出定後，和師父敘述了我看到的古佛的樣貌，師父又笑笑，在辦公室裡翻翻找找，拿出了一張泛黃的照片，是一個女子。

時代久遠的照片，白色邊框、小小地、顏色陳舊，但卻掩不住照片中鵝蛋臉、清秀透著靈氣、清逸出塵的臉龐，舊年代的白色衣衫，襯得更是清麗絕倫。我越仔細端詳，越覺得面熟，到底是哪兒見過？

「這不是我剛打坐時候看到的那個女生……所以，她是古佛……？」我拿著照片不禁往退後！

是呀！這是古佛近世的投胎顯像。有時候，人才能幫助人，就像《妙法蓮華經觀世音菩薩普門品》所說：「……若有國土眾生應以佛身得度者，觀世音菩薩即現佛身而為說法……」

你需要什麼樣的人來度化，菩薩就會化成什麼人來度化教導；當然，需要佛身才能教化得動的，菩薩就會化身成佛的樣子到你面前，因為你相信祂；而也有應以天龍、夜叉、乾闥婆、阿修羅、迦樓羅、緊那羅、摩睺羅伽、人非人等身得度者，即皆現之而為說法。也就有因材施教的意義在。

◎冥想小記 I

清朝……

也是冥想打坐時間。

我忽然心念一動，想要知道我是什麼時候和地藏王菩薩越走越近的？

於是，打坐的時候，我就突然從雲霧裡，看見了一個花園，圓形的塔樓，紅漆的柱子，金漆的天花，雕著繁複華麗的金龍或鳳凰或麒麟……金色的地藏王菩薩像背後，依著一堵類似深褐色花崗岩的牆和基座，一個小女孩，五、六歲，一身淺紫色、鵝黃色的綢子，小小黃色的花朵垂在耳邊，厚厚的髮髻在腦後，沒有清朝女子的大拉翅，倒是有朵類似牡丹之類的花朵在髮髻前方，小小的盆鞋，在佛像旁繞著圈子，一邊有兩個十多歲的宮女垂手站立一旁，兩個小太監跟著小女孩在佛殿繞圈圈地跑，生怕小女孩跌倒，兩個宮女在一旁笑得花枝亂顫；一旁有個炕，炕上的小几上幾張可能是小女孩抄寫經文的紙軸、一籃的點心熱騰騰地冒著煙……

是的。那個小女孩就是我，我是孝莊皇太后的某個孫女，很得寵，只有我能在祖母念佛的佛堂裡奔跑笑鬧，也不會被責備。那個年代，女子的地位，是稗官野史也不會記載的，我沒有聽到自己的名字或他們稱呼我，我努力的Google，最接近的似乎是和碩柔嘉公主，但找不到相關的傳記內容（《清史稿》中記載了所有滿清的公主，很多都是寫上一句「無載」），我還希望，能花一些時間多尋找一些史籍來驗證。

回到這個故事的這一段。

小公主在一回祖母的病中，跪在佛前，向佛祖發願：只要能讓祖母的病好，就會終生侍奉佛祖！不久，祖母病好了，小公主遵守了她的承諾，每天斟茶、上香禮佛，直到出嫁，跟著額駙在宮外生活。公主仍侍奉佛祖，只是在夫家，也沒有從前勤快；這也就罷了，宮闈之中，誰不是爭權奪利、誰不是殺得你死我亡，血流成河？即使她不願意或非有意，仍然因爲額駙在宮中的政治勢力，總要運用到她母系的權位，因而使得一些官宦株連其親族下獄，甚至有人因牢中苦寒或是刑求而受傷，以致萌生求死的念頭……這一切的一切，並非由她主導，但是因果裡還是累積了一些痛苦及仇恨，甚至我還記得他們的姓氏——佳木×。

提到這些的緣由是什麼？

因爲在二〇一一至二〇一二年初，大概是我這輩子最低潮的時刻！工作不順利，主管是完全沒有接觸過相關領域的，可以說是空降部隊吧，年齡比我們團隊成員都小，重點是過去是好朋友，現在變成主管……工作被刁難也罷，被公司的好友出賣也罷……本來已經準備訂婚的日期，忽然，人跑了，婚也結不成；身體似乎也出了一些問題……那時候，每天都過得生不如死，每天都覺得好痛苦，爲什麼我要過得這麼痛苦？我到底是上輩子做了什麼？欠了誰什麼？所以我要受這樣的折磨？明明是最愛的工作，很愛的另一半，要好的朋友們，爲什麼事情會變成這樣？

我的腦子裡，充滿了許許多多的問號，我不知道自己做錯了什麼？有一天，我爬到屋頂上，心中充滿怨懟，看著地上小小的人車穿行，心中想著：「跳下去，我就可以讓他們永不翻身了！」

（珍愛生命，請再給自己一次機會：安心專線0800-788-995、生命線1995、張老師1980。）

這時，一通電話打來，是最好的朋友！我走下屋頂，一切像鬧劇一樣地結束了。

當然，這只有我自己知道，連我的朋友們都不知道這件事，但我非常感激上天的安排，因爲，後來證明，我的存在，還是有價値的，我能夠做的事情太多了！也能夠幫更多的人緩解情緒，了解前世的糾葛而慢慢釋懷，重新振作，讓一切更積極正面；每個存在都有意義，每個事件都有因果，每個舉措都有安排，所以，其實，後來我慢慢了解了！

我也是擺渡人啊！

（請原諒我誇飾、誇張的形容詞，我寫得很清淡，主要是我已經看開了，如果是因果，能這樣輕巧的解決，也是我的福報。）

◎冥想小記 II

地獄……

禪坐最精彩的一段，應該是大家除了「阿飄」外也相當好奇的一部分：「地獄」。看到這裡，可能你會覺得 "What are you talking about? Go to Hell!"

YES! 就是 Go to Hell。

本書一開始，我就一直強調我和「地藏王菩薩」的緣分和感應很深，我也領了師父手中的陰陽令旗，師父師姐們都明擺著「妳就是要做地下與人間的工作」的態度，幫我做心理建設，但是，第一次打坐下到地府，我還是很恐懼、害怕，充滿很深的畏懼感。

即使好一段時間，每天的打坐中，地藏王菩薩、千手千眼觀世音菩薩（我們供奉的主神，我們稱「古佛」！非常靈驗！連詹惟中老師都有特別上山來採訪祂與財寶天王），以及其他的神祇，都陸陸續續地給了我千手千眼觀音手中的「法器」，有白蓮花、木蓮花、秤、短刀、劍等等，都收在虛無之中。我每天像小朋友向媽媽獻寶一樣，一一和師父報告，師父總是笑吟吟：「到時候，妳就知道怎麼用了！」

一天，供奉在地藏王菩薩神桌下方的虎爺，突然出現在我打坐的顯像中，非常友善地馱著我（其實是我的靈）往前飛奔；跑了一陣子，忽然飛上一片無邊無際的大海洋，但我看不到天，看不到界線，我不知道自己要往哪裡去？要被帶到哪兒？隔了一陣子，當我覺得我的靈都累了的時候，我們到了一個老式、圓形的木門前停了下來。石牆、木門，陳舊的門匾寫著「地府」！

什麼？

我的靈揉揉眼睛，不敢置信地看著這個牌匾。虎爺推推我，兩個夜叉不知從哪裡出現在我眼前！我又嚇得倒退了兩步。

這兩位，雖然我抱持著尊敬之意，但兩位的容貌實在令人不敢恭維：瘦巴巴像埃及兵馬頭的體格，全身黑油油發亮，各拿著一支長戟和半彎月的、我不會形容的武器，臉長得有點像獅或馬，眼睛超大，銳利的下排牙齒突出在嘴唇之外……OMG！這眞是和我們小時候就接觸的陰曹地府還挺類似的啊！但又不像！

「令符！」我確認我沒有聽錯，我的確聽到了令符兩個字，但我眼前這兩尊完全沒有開口，聲音從哪傳來的？

虎爺又推推我，我轉頭，「我不知道是什麼呀？」

虎爺蹭蹭我的手。

我伸出右手，平放，又彷彿知道要怎麼做的感覺，手掌心忽然浮現我之前禪坐時，獲得的一朵木（製）蓮花。兩位夜叉讓出一條路來，我慢吞吞地往前進，走進園子裡，走了幾步，虎爺就消失了（我知道聽起來很像神話，或是天方夜譚，連我都不敢相信自己的眼睛）。

很多人應該有聽說過，有的人晚間或睡夢中，會到陰間幫忙處理「地下事務」，現在可眞是輪到我了！

我往廳內緩緩踅去，四處打量，這個地方，全都是古代的木製建築，有幾道圓拱型的門作爲長型廳堂的區隔；每走幾步，旁邊都會站幾個夜叉，長相各自不同，但……都長得凶惡懾人，手中都拿著叉或戟，立在走道兩旁。其實這時，我並不知自己的靈長什麼樣子或身著什麼服飾，我經過夜叉們，他們都會微微欠身，類似點頭或鞠躬，但我心裡其實非常害怕，尤其都是古代的房舍、深色的木桌椅、花窗、地上鋪滿大塊的紅色織毯一路延伸到廳堂的最內側……我惴惴不安……不知道長廊深處會是什麼景象？

走了一陣，站定，地藏王菩薩坐在內廳正中央，兩旁有兩位神祇，更兩旁還有兩名夜叉大哥，我自然而然跪下，叩起頭來。

地藏王菩薩的聲音傳進腦裡，內容類似是要訓練我的判決能力，也是幫助他們處理一些陰間事務，更是學習過程；而我身爲人，卻有因緣須完成地下和人間、甚至未來天上的事情，希望我能秉持公正不阿的心態，好好地把握訓練的機會。

我似懂非懂（其實是完全不懂）。

兩個夜叉走來，請我往外走，我想我也傻住了，敬了個禮就往外走。雖然看來走的路徑好像和來時相同，但又好像不同。走著走著，正要穿過一扇門時，我聽到淒厲的哭喊聲、叫聲、求饒聲，我嚇得定在原地，此時，又一個聲音傳來：「毋需害怕，直走便是。」我看看兩個夜叉，一樣是邀請的手勢，我只得繼續往前。

我被眼前的畫面震懾了。

從小，我一直都認爲，「地獄」只是大家想像出來警示世人切勿作惡之用的，那種刀山油鍋，只不過是提升恐懼感的形容詞，但，我今天活生生地站在一個高到雲深不知處的銅牆前，銅牆感覺延伸到天與地的盡頭，而我看不到天，眼裡只有灰濛濛一片……整排燒紅的、兩人長的鐵圓筒排列在眼前，我明明離得很遠很遠，卻可以感覺到鐵圓筒中，和地上凹槽燒滿炭火的熱度，火焰熊熊，滾燙的圓筒上，有很多「人形」，發黑、焦爛，雙手緊緊地抱著圓筒，哀號、哭吼，大火燒炙……我嚇得像雙腳黏在地板上一樣，動也不敢動……

夜叉推推我，繼續往前走，我心中的激動無法言喻。

四周燈光不是太明亮，可以說是黑暗，我們走過一片平坦一如水泥地的偌大廣場，眼前一座僅容一人通過的窄橋，橋很長，橋下晦暗之中，看來是道溪般的水流，我完全沒有心理準備地往前稍微靠近了一些，可能距離十多步吧，鼻中傳來陣陣熱油沸騰的味道，而且非常炎熱、油膩，我低頭細看水池，怔住！

那圓形一個個隨水波起伏的，不是波浪，是一個一個的人頭……

我轉頭看向夜叉，他們沒有表情，直視前方，這時候，聲音又傳來：「這些都是無惡不作、十惡不赦的靈魂，反反覆覆犯罪、惡行不改，毒海浮沉，謹記。」

眼看著碎裂不全、焦黑潰爛的靈魂，赤條條的受著苦，我深深感到痛楚，人爲什麼要這樣地作惡多端？爲什麼要執著貪念？以爲色身只是一輩子，任由靈魂無止境的因爲人的愚癡、惡行而不斷地受盡折磨，直到刑罰結束。

一個類似書記官，我也分不出朝代，穿著紅色古代官服的人，冠戴頂戴都是黑色、長長的在兩個耳旁，在一個平台上的木桌椅前坐下，桌上文房四寶俱全，只是沒有紙。我站在一邊，感覺起來好像觀賞古裝劇一般，夜叉在兩側持戟站立，沒有一點聲響，我心裡還想該喊聲「威武」才對喔！忍不住偷偷笑著。

一會兒，兩兩的夜叉，抵著一個又一個排著隊的靈魂，每個都間隔一段距離，自遠遠的地方走向堂前，我拉長脖子左右張望，覺得這個場景實在太有趣了。我眞的是在做夢嗎？

「靈魂」在那個紅衣書記官前跪下，他手中突然多了一本青色書衣的長卷，並一一念出應該是簿子中的內容，條列式，但我遠遠地看著，卻什麼也看不見。誰知道，這是未來我的工作之一。

定。

我正看得專心，被示意該離開了，我乖乖地隨著夜叉離開，離開那一片海，出

一出定，和師父師姐們詢問這樣的內容，大家都感到驚奇，但也覺得似乎發生在我身上也不是件奇怪的事，畢竟，我初來乍到，就自師父手中領走了那支地藏王菩薩的陰陽令。當說到靈魂一一被炙烤、被油烹、被切割，我不禁淚流滿面……

這只是第一次。

之後，每回禪坐，大概接連著至少有兩個月，眼一闔上，就會看到虎爺在眼前，於是，每次都是拜託虎爺背著，越過整片無際的海洋（沒有光、是陰著天的、水也不是藍色的，是灰暗的），海的一側，是高聳入雲、無邊無境的、黑色的鐵壁銅牆；一樣到入口、一樣進到內堂、一樣坐在相同的梨木椅上、一樣翻開一本無字藍皮長冊，不同的是，幾次後，我的工作稍稍轉變，從椅子上站起，在一面大鏡子前，抄起一把鐵秤。

這烏黑的鐵秤，可能在一些懷舊的什貨店還看得到，沉甸甸一把。中間拉起，一邊是個秤錘，一邊可掛上物品秤重。一開始，我並不知道，這把秤的功用是什麼。我

站定，拎好秤，彷彿我知道應該怎麼做似的，馬上，夜叉「叉」來一個「靈魂」，我的秤秤物邊的秤盤，整個變重的向下掉……旁邊的鏡子亮起，播映他的一生，我竟然自己念起了一大串我根本沒概念的事物和數字，類似這樣：「×××，享年×歲，×歲起捐款給××單位、××年起共捐屍袋五十個、但酷愛野味葷食、經常因口腹之慾殺生於眼前，××年起，共進鹿×隻、野雉×隻、親手宰獸×隻……××年起，喜好女色，淫人妻女×位……」我自己完全不知道發生什麼事，只聽到最後，「因在世善事做盡，惡事亦多，仔細衡量，（手撥秤）善事多於惡事，但淫人子女此風不可長，故坐火柱三十回，一世無法行周公之禮。」

夜叉立馬把他叉走的時候，我發現我的聲音在抖，我從來都覺得「地獄」是小時候廟宇或宗教勸人向善的想像，不可能真實存在！但我的靈魂，現在在做什麼？

紅衣判官走來，拍拍我：「做得好，還有很多靈魂要審判！」此後，我就開始了這樣的「地下工作」。

我記得一個例子，這個人作惡多端、毆打父母、霸凌晚輩、口出惡言，我竟然下了「三世無法行走（沒有膝蓋以下部分）」這樣的刑罰……我說出口時，自己真的都嚇傻了！當然，這些指令，是經由「上面」（指指天空）同意之後才執行，但眞的罰得很重很重……姑且不論是不是我的想像，但眞的，審判與懲罰眞的從嚴處置（想想三世沒有腳），諸惡莫作啊！

（編按：不是所有的情況都是同判斷並緣起於此的，純粹是我見我聞。）

這案件秤完，我拿著「因果秤」在原地呆若木雞，地藏王菩薩傳來訊息：「斷刑要以多世因緣果報衡量之，勿以一世行爲優劣決斷。」我點點頭，手，還在顫抖。

◎冥想小記Ⅲ

另一件有趣的事，是剛剛提到多次的——青色書衣長冊。

很多人都聽過無字天書，我想，就是梨木桌上那本青色書衣的長冊。我也十分好奇，剛開始，我都是聽判官的聲音內容，抄抄寫寫，但，也不是眞的抄寫，在我打開那本「因果簿」（不是月老的姻緣簿啊），拿起毛筆，筆尖點到冊子的同時，字就會出現，我有點類似只是校正或補註，這也做了一段時間。其實有出現過好似我認識的人的名字，但，我不記得了……（記得也不能說，只能戒愼恐懼）。

一天，紅衣判官走來，示意我打開長冊，我循例翻開本子，摸著薄薄如絲的紙張，正想問要翻到第幾頁的時候（因爲都空白的），紙面上出現了我的名字！我驚嚇到愣住不動！

隨後，本子上出現我的生辰八字、說過哪些好言惡語、做過哪些善行壞事，羅列得清清楚楚……震驚之餘，我低頭，我的手又在發抖……我順著往下頁看去，看到「陽壽壽命」那欄，看到了一個數字，我，又定格了！

我幽幽地轉頭看看紅衣判官，他嚴肅點點頭：「妳可以助人益世的時間並不多，須得好好把握！」後來，我常說，人生走了一半，是因爲這個原因，我雖然在默默驗證這個數字，但，我一點都不覺得可怕；反而，我擔憂的是我要怎樣在有限的時間內，幫助最多的人呢？

（好朋友一回要我看我們三人老時的樣子，我笑著說，她們兩個都還能在老的時候，白頭髮，推對方的輪椅，在一片草地上嘻笑，回憶我們的過去，「那妳呢？」「我？死掉啦！妳們活得比我久！」兩個人的臉瞬間垮下來。

但親愛的，不要緊，每個人來，都有自己的功課要做；我如果早點做完、早些離開，未嘗不是好事，不是嗎？

「妳們還記得我的話，就想想我，不記得也沒關係啦！」我托腮。兩個人直直地望著我。怎麼憂傷起來了？）

第七章　前世今生

《三世因果經》：「若問前世事，今生受者是。若問後世事，今生做者是」。

◎我的力量很微小，但你的心靈力量很強大

「前世」的事情沒人知道，胡謅亂講的人也爲數不少，但是，當你（我是說我）看到的畫面，或是播映的影片，轉化成語言，並讓詢問你的人確認與現實情境相符的時候，我非常相信，那就是我們都相信眞的存在的「前世」與「今生」。雖然，前世今生也許是因果的解釋之一，從宗教的觀點出發，目的都是勸人向善、惡事莫作、惡言莫說，好好與人爲善、多積福行善，創造和平大同的世界！

因此，我將我看到的「你的前世」，讓你連結你的今生的經驗，找到軌跡，搜尋原因，探索可能的心結與苦楚，再試圖緩解痛苦與煎熬之處，讓你的心神慢慢打開死結，身心就能更加愉快舒緩，進而讓心靈保持正向，遇到挫折也能心隨境轉，讓生活

更順利，不再因爲糾結而無法自處，甚至走上絕路。

道理說完了，接著有好多好多的故事要說！

片段

我對《當和尚遇到鑽石2》中，作者之一的胡瑞伯的一段話：「這段旅程並不是原本期待的美好經驗。我不管走到哪裡，都看到人們經歷各種痛苦：老、病、飢餓、窮困、戰爭……我明白，如果沒有試著幫助較爲不幸的人的話，最後，人生將無多大意義。」感到心有戚戚焉，這是我存在的意義。

接下來的章節，都圍繞著許多人的前世的故事，也就是朋友有意無意詢問的片段，大塊的故事，放在後面，大家比較容易理解我對各人前世的敘述。也希望這樣小小的幫助，能舒緩個人心中的糾結或苦悶，我們用正向的方式思考，來面對較無法改變的執著或現實環境，讓一切變得較爲順利。

◎我是怎麼看到每個人的「前世」？

對我來說，「前世」就是腦中出現的畫面或影片。

我闡述的時候，不需要你的出生年月日，不需要照片、地址、人名。當然資料越多越準確，從陸續增加、慢慢積累的經驗中，我發現，如果對方是有宗教信仰的人，他越虔誠，我判斷的速度也越快，畫面也越清晰！當我本身的精神與身體狀況良好的時候，視情況我看到的畫面會越清楚，顏色越繽紛，像在電影院裡或是在線上看電影播放一樣流暢，我也能說出較多的細節與景象（但很抱歉，目前我還分不出時間、朝代、地理位置，只能用我有限的知識去判斷或猜想，但是，聽說催眠可以清晰掌握以上資訊）；反之，之前有一陣子，就是我形容我的防護罩被戳破了一個洞，而我還沒補強起來時，那時來問事的朋友就得多體諒了，因為，我看到的畫面就是卡卡的，像網路上抓來看的影片一樣，要等串流、等網速，畫面會卡著不動，顏色變模糊，我也無法及時判別，只能一直停下來休息，直到我的電池多了幾個%，我才有辦法往下看！當然，有時候，因為某些事情，發生的時間不長，或說我不應該在那個時間點看得到，或我不應該多看，抑或是這些詢問的關鍵連結不夠強等等時候，畫面會出現的秒數、格數，就會相當短暫而且片段，就像我是日本人的那一世。

喔！不只一世喔！

先說我自己的部分故事。

日本那不只一世

我一直很喜歡日本，但是熟悉感會忽遠忽近，二〇一五年三月去東京的時候，雖然我英文沒問題，但日文只懂單字，又是我第一次自己一個人安排了八天的自由行，從東京一路殺到苗場、築地、三鷹、淺草、原宿、染井、六本木等地，原先想去的人形町、柴又、川越等老街町都沒有去成！雖然，行前有些緊張，但到了當地，除了在東京站裡小迷路外，我覺得每個地方都好熟悉，好像回到洛杉磯或回到台北的感覺，擔憂和緊張的心情反倒被熟悉感掩蓋，非常開心。

在短短幾個月的時間，我迅速的飛了京都、北海道，也很快地找到了前世的拼圖，也許並不完整，但，讓我的心變得很安定。

◎我的前世

離你最近的人、離你最遠的人，都是前世有關係的人。

修行初期，我常常在打坐入定時看到很多影像畫面，其中，只要我心裡有被某些人或事糾結（畢竟我是人，還擺脫不了七情六慾、貪嗔癡！不然早就悟道啦），我很快就會在做功課的當下，看到我所謂的「我的前世」，同時，我所鬱悶、糾結難平、難以跨過的內心好惡或障礙，或是人，也會出現在那個畫面當中，然後，電影結束，心中的結也會突然鬆了，很快地就能解開！我想，這也是幫助其他人的時候。用前世去解釋難以解釋的事實而產生的安慰或療效，通常都能紓解人心，很多朋友也都忽然在我的話語後，經過短暫思考就能放下，同時心靈受到撫慰，姑且稱作靈療的一部分吧！

沒有緣分，也許因為緣分是數千年前就牽好的，千年之後，誰還記得誰？

有一陣子，對一個男生有了濃厚的欣賞與好感，他不高，斯斯文文，身家背景也都相當優異，品味也出眾，是那種我遠遠看著他、聽他說話、看他笑，就覺得心情都開朗起來的男生，孩子似的喜歡。

我問他：「爲什麼對每個女生都那麼好？」

他只是很禮貌地回覆我：「出於教養的禮貌。」

然後，我就糾結了一段時間（爲什麼飄飄故事忽然變成愛情故事了？）。解不開的點是：他是我心目中完美的另一半標準，我們那麼近，常常一起出去遊山玩水，但是距離卻是那麼遠。

來到山上，做功課，通常，一開始，深深呼吸，做著入定前的祈請與準備，前幾分鐘，通常都是心緒蕪雜、思緒翻飛，今天也不例外。

亂了一陣子之後，忽然眼前一片白霧，一切忽然像玻璃水杯裡的冷泡茶葉沉澱了下來，眼前出現一片蒼翠的山丘，綿延的翠綠小坡，遠遠遠的，一位梳著髻、白髮蒼蒼、鬚髯銀白、穿著染白麻裳的老公公，牽著一匹白馬，慢悠悠，踢躂踢躂地踏進畫面裡，馬背上是一個白髮的老婆婆，兩個人就靜靜地走著，沒有說話，靜得我彷佛都聽到風吹拂的聲音、老翁長鬚長髮飄飄的聲音……忽然，我理解了！看那長袍髮束，我沒有辦法判斷朝代，但我就是知道可能是秦朝，或是更久之前的過去，算算也都幾千年了！對！你猜對了！馬背上那個白髮的老婆婆，就是我糾結的那個男生，這一糾葛，還眞是名副其實的千年之戀呢！

畫面停在一座大宅前。大宅規模很大，但是整體建築樸實無華，梁、窗、桅等均是深色的木紋，低調平實，我忘了看門前的牌匾，可能類似是懸壺濟世、妙手回春之類的。鏡頭轉到宅內，我坐在一張木桌前，爲人把脈，背後的整面牆，全都是裝滿中藥材的抽屜，每格抽屜上都是圓形的鐵拉環，下方刻著草藥名字；廳堂裡有病患等候中的細語聲。長長的廊下，一壺壺的藥壺，老婆婆蹲著、搧著，一個個藥壺細細檢視，不時拭汗，還頻頻回頭看看我，走來幫我寫藥方；似乎是朝夕相伴的，但是，我在禪坐的這裡頭，卻可以感受到她心中絲絲的不悅，應該是老婆婆覺得老公公整天都陪著病人，看診、號脈，完全沒有理會她的心思，她就只能鎭日在廊簷下煎藥，在窗櫺門縫間看著老公公說話的唇形。

猜到了嗎？

老公公是我，老婆婆就是無緣的那一位。

影片好似古老的膠卷電影，老老的放映機嘎啦嘎拉的轉動，我看著時光流轉，大宅裡很多僕人、工人搬運著麻袋的藥材，曬著、翻弄著，抬頭，是個烈日……

影片走到看來是最後一幕。

老公公躺在類似河邊的空地上，躺在層層交疊的樹枝枯木平台上，四周圍好多好多交談聲、哭泣聲、呼喊聲，似乎在呼喚著老公公；四周開始燃起熊熊烈火（但我並不感覺到任何的熱氣和疼痛），我看著大火燃燒……畫面靜止……

後來，我出了定，和師父提起這個前世的內容，清楚地描述我的感受，「如果我記得我叫什麼名字就好了！我就可以 Google 去查是不是眞有此人！」師父笑著回答，「剛剛不是好多人在喊妳的名字？妳沒有仔細聽喔！」

對哎！

重點是，千帆過盡，千年後的我們，經過幾世的翻轉，感情變得好淡好淡……但，我還是很喜歡這段故事、這段前世。

另外的重點是，過去都過去了，緣分深淺自有去處安排，何必一直掛心放不下呢？

前世和今生的姐妹Ⅰ

這個小故事，有關於E。

E在整本書中，已經出現了很多次。到底，我們是什麼關係呢？

我和E是大學同學。

大學起，我的胃就不是太好，常常胃痛、胃發炎，午餐晚餐都是超級小鳥胃的食量或是不想進食的狀況，這時候，E就會無怨無悔地，不管我在哪間教室，或是校園的哪個角落、哪台電腦前，E總是有辦法把我拖到學校餐廳，幫我買牛奶或是麵條，總是在一旁看我吃下去，才會露出笑容滿意地離開。

E後來有幾段感情都不是太順利，男方有暴力傾向，或是言語上的暴力，讓E不得不找個地方躲。當然，那個地方常常就是我家，弟弟的房間，和室前的階梯，我們讓E至少能安心睡個好覺，暫時夜裡不用接到可怕的電話或狂叩；家人也把E當成自家人，常會邀她一起吃晚餐，晚餐後，我們也常散步到捷運站附近的石椅上互吐苦水。

我們前世是什麼關係？

平常我都親暱的叫E：「姐」。

前世啊？

我看到妳是一個大戶人家的女兒，在日本，穿著大紅色的和服，長長裙襬，看起來是如今百萬千萬日幣計價那種，繡著華麗的花朵、白色的牡丹？（我實在不會認花）、袖子上有白鶴，旁邊有女僕跪著守著妳；門外是長長的廊道，視線前是座小亭子，小小的湖、石與山水，透過小亭子，可以看到一片小小的天空。

前世和今生的姐妹Ⅱ

我常常會「聽到」E的呼喚，當E需要我的時候，總是有「人」會告訴我，於是我就會拿起手機，撥出都快生鏽或發霉了的電話號碼。

今天我們見面，只是聊聊天，偶然談到「我們上輩子是什麼關係呀？」E問。

我向遠處望去，腦海中，畫面浮現：「在日本某地，山裡一對小姐妹，大概是七歲五歲的年紀，姐姐把妹妹抱在懷裡，輕撫著她的頭說，沒事了！沒事了！」

我瞬間意識到，那個妹妹就是我！我轉頭看一下E：「她們穿著舊舊的和服，可能穿好幾年了，和服是粗布做的，雖然材質不精緻，但是可以看到白色底布上、淺黃色的花朵、綠色的枝椏；妹妹是淺淺的粉紅色底、紅色橘色圓珠串似的花朵。雖然都褪色了，袖子也磨短到手肘的部分，腳踝上的裙邊還有抽線的鬚邊；我們梳著小小的髮髻，鬢邊有小小朵的鈴似的鮮花……整個畫面泛黃。」

「我們就是那對姐妹！對吧？」E手指比了比我們兩個。

「對，而且……」

「我們抱在一起……死掉了！」

「蛤？」E嚇了一大跳！

「我們是餓死的！」我說。

鏡頭倏地拉遠，「房屋的樣子，是離地有點高度的架高的木屋、頂上有茅草、紙門上的窗紙都破了……可能是個秋天，背景的大樹都微微萎黃；我們家徒四壁，沒有大人陪伴，因爲大人都去打仗了！」我像是靈魂出竅，站在離「我」幾公尺開外處，看著發生的點滴。

「我們沒有食物，房子外是條街道，黃色的土路，沿著路是十多戶人家，但是沒有人煙，房子都覆著一層黃土的塵灰。」

畫面靜靜地，停在我們死亡的那一刻。

很寧靜，沒有怨懟、無奈，或是痛苦。

也不像以往看前世時，流暢、光纖速度似的影片。

靜悄悄的。

一如百年前的老照片。時空靜止。

E 安靜了幾秒，「難怪我們在大學的時候，總是擔心對方沒吃午飯、總是不斷買零食給對方、我們總在彼此需要的時候，把家借給對方當庇護所、求救的時候也總是第一個想到對方、總覺得對方是家人……」

「也難怪我去日本都一直怕餓死，Google Map 上標滿了星星！」

「難怪！」E 也笑。

我們那一輩子就是姐妹啊！所以我們這輩子要互相深深的牽絆著、掛念著，幫助對方。

E，妳知道，後來，拼圖開始拼湊起來了！我在日本自由行的社團裡，碰到一個在我們曾經「死去」前的那個時間點出現的行腳僧！

他行腳遍路，途經我們到小村莊，似乎已經走了幾百幾千公里，身形細瘦，衣物有了補丁，綁腿也磨損了，草鞋也磨破了，顫巍巍地彎下腰，躬身掬起水井木桶中的水解渴。我看到「我」，赤著腳，小步奔著，從村外的小山路往村裡去，懷裡緊緊揣著一個紙包著的、白色圓形的麵餅，可能是村裡的老人家給的、可能是我們「最後」的食物，但，我停了下來，和他對望。

他慢慢地站直身，我緩緩抬頭，抬眼看著他的眼神，「我」歪頭猶豫了一小下，還是打開了懷裡的油紙小紙包，將麵餅剝了一半，遞給了他。

我們再次對望，都沒有說話。

我小步地離開，我知道，我們都在等待這個食物，也知道，我們都會同意、願意把食物分給一個飢餓的陌生人。

我也這麼做了。

畫面回到那一幕。

我重新回想，了解這就是前因後果。

謝謝，謝謝你在今生還願意爲我遍路、求遍京都十三佛的朱印，爲我祈福、求取幸福，我心領了。

謝謝。

（現在就好玩了，每回鬥嘴，我就要對方「麵餅還來」！對方就會說：「妳自己要給我的！」）

前世和今生的姐妹　番外篇

故事剛看完，文初有提到我特別不遠千里的飛去北海道，聰明如你，懂得其中因由嘛？

是的。

E在幾年前，曾經在大雪中踏進北海道，也曾和我表達出對北海道的熟悉之感，尤其是札幌；而我心心念念的，也是北國的雪，難道這又有什麼關係嗎？

這一趟旅程，我在零度以下的氣候裡、如履薄冰的北海道城市裡，跌跌撞撞尋找那只有五歲的記憶，原以爲這一世是在京都的，但，一踏上北海道的土地，雪的味道，讓我整個身心靈完全放鬆，感覺就是「回家」了，大地的磁場新鮮潔淨，精神也抖擻了起來。

一路尋尋覓覓、搖搖晃晃地從日北最北端的稚內，經宗谷岬、旭川，南下到札幌，那種熟稔的感覺越來越接近，由於我的行程每日前往一個城市，因此，幾乎是最末兩天，才有機會在札幌微微停下幾個小時。

我完全沒料到，會在札幌看到前世的畫面。

北海道大學，厚厚積雪，玩雪賞雪的開心心情，完全覆蓋一切，我要注意滑溜的雪地結冰，還得拍照，欣賞藍天銀白的對照，玩得不亦樂乎；當坐上南北線換乘東西線的時候，我忽然整個人非常平靜，剛剛那種想要尖叫、鬧烘烘的玩樂心情忽然消失無蹤，尤其，當我見到円山公園覆雪的入口小徑，百年之齡的高聳柏樹春榆，謎團將要解開的心情油然而生。

我亦步亦趨小心地前進，在北海道神宮堆滿雪被踏成冰的長長階梯上，還滑了好幾下，乾脆踏進雪堆裡，好不容易經過鳥居，走進神宮的範圍內。

那種寧靜，很難用言語形容。

在我耳裡僅存的，只有大地的頻率，感受到天和地的呼吸共鳴的聲音、風簌簌吹過的聲音、踏雪的聲音，偶爾，會有人聲。

穿過手水舍，潔淨之後，站在神宮前面，我就開始掉起眼淚，一時無法止抑。宮方的人站在門口，看著我，沒有多說。

我默默地通過巨大注連繩下，踏進神宮裡，那個廊簷、樹木的位置都再熟悉不過，我一向都是站在本殿前直愣愣地望著，我想，我現在也是。

我們的小小村莊，應該就是在神宮右後方的山坡上。

我拍照傳給E。

幽幽地漫步在神宮裡，走出神宮，離開六花亭，遝往後面的馬路上走去，走了一小段，都剩下兩層三層的現代房屋，小小的木屋群，應該早就被拆除了吧？

大片魚

這個標題下得奇怪，但也是和「前世」有關係的故事。

一回在靜坐中，忽然進入到一片水色澄澈的海洋，我默默地感受到溫暖的海水，寬闊的海域，柔軟、擦肩而過的洋流、水中漂浮的微生物，海洋很深，但可以透進陽光，有時候波浪翻湧，可以看見岸邊的椰子棕櫚樹、大型的蕨類植物一樣的景色……我慢慢慢慢地意識到，我是水中的生物，一大片圓形、扁扁的魚類！

我查了一下魚化石相關資料，發現中國涇川的魚化石形狀很接近，圓圓的一片魚，但是，我在海中的感覺，這片魚，恐怕直徑有一到兩公尺，薄薄地，在海中巡游，根據資料，魚化石最早約是五億三千萬年前寒武紀時代開始記載，我還是覺得體積不是太接近……

師父和師姐們聽到我提這件事，就笑著說，她們之前也曾經在禪坐的過程中，觀到這樣的畫面，只是一位是原始叢林裡的恐龍、一位是巨型蜥蜴……她們還笑著說，說不定在那時，我們可能就在水邊遇見彼此，但互相不識。我們在數百世前，宇宙的星塵前，萬物的起始前，也許就已經相遇，我也知道這樣的畫面敘述起來也許很荒謬，但是，地球的形成，可能是微小星塵的碰撞、高溫高壓之後的結果，誰又能知道，我們誰最初不是巨型生物、白堊紀或恐龍時代的生物呢？

那些都不重要，重要的是，這個喜愛海洋的感受，和我一直很愛海洋似乎有連結。我一直很愛海，看到海洋我就能馬上冷靜、平和下來，我常常在台灣、在峇里島、在日本，不管多冷多熱，我都可以坐在海邊一個下午，就爲了看波浪、等夕陽，但是，我竟然不會游泳！超級怕水，到底是爲什麼呢？

可能要老師才能解開我的疑惑吧？

我還是相信我是魚，那個億年前的，前世。

◎誰的前世

說說我的前世，聽聽誰的故事。

前世還是日本女孩P

P是我之前公司對應的廣告公司窗口，半個日本人的她，日文很溜，長得細緻，日本女孩的勻嫩臉龐，皮膚白皙，永遠都是可愛的樣子，討人喜歡，工作上則是永遠做好準備，拘束又嚴謹。我們的交情，純粹來自工作上的合作，私下也就在泰國悅榕莊酒店碰過一次面，聊個幾句的那種。我完全不清楚她的背景和家庭。P原先也對我的狀況完全不知情，但知道後又很希望我能爲她看看今生前世，於是興匆匆地和我約好時間，線上就想解開一些糾葛和疑惑。

我想想，還是答應了，在已經很虛弱的狀態下，抱著抱枕，縮在沙發上，在筆電前，怔怔地看著遠方（我是在看畫面中）。用手機版回覆她的疑問。

P大概接近今世的幾世（是清末民初的女學生），都是日本人，在日本的好幾個地方，我都有看到畫面；儘管狀況不好，我還是希望可以舒緩一下她甜甜、無爭笑容下的煩惱。

「喵，妳看到我什麼？」透過臉書 Messenger，我還是可以感受到 P 頑皮的笑聲，誇張的手勢。

「我看到啊！妳在一個日本人家，是很大戶的人家，穿著華麗白色珍珠光澤、白鶴鳥圖文的和服，站在樓閣前的亭子裡，望著天空，女官、女僕一整排站得直挺挺，盯著妳，妳很懊惱、很倔強，很想要看牆外的世界、很想知道外面人都在做什麼、很想逃出去……扯著和服，氣嘟嘟坐在石欄杆上……」

「是欸！我都一直想要逃走，想要離開……」

「超叛逆的……」

「我想知道，我跟我媽的因緣是怎麼回事？」可以感覺語氣也氣嘟嘟……

「……」我安靜半晌，畫面空白好一陣。「等等啊！」我大概每十分鐘得休息一下。終於……出現了，一片田野上的小木屋……但，「網速」不佳，影片卡卡……真的狀況不好的時候，看前世、感應都超耗精力的……「我要休息一下……」

「快休息，我等妳！」P很有耐心！

我在沙發上閉眼滾了約十分鐘。

「我回來了！」

「妳和丈夫在北海道的某個小丘陵上，有一片小蘋果園，但有五個小孩、家境不是太好……我看到妳背著一個小孩，心不甘情不願地洗衣、打掃，還要催著丈夫、小孩去賣蘋果；老大是個小男生，妳老是嫌他蘋果賣不好，也不會幫忙照顧弟弟妹妹……拿洗衣的棍子打他……罵他不會幫忙分憂解勞，害妳要一輩子困在這個老房子裡，哪裡都不能去、不能去別的地方看看……」

P安靜了。

「後來，妳開始喝酒，逃避現實，一喝酒，就越罵他、大吼大叫、丟東西……」

「我媽都喝酒，喝完酒我們就大吵！越喝越『番』！無理取鬧、摔東西、丟東西……」P打字慢吞吞的。

「大兒子就是妳媽咪！大兒子後來偷偷離開家裡，出去賺錢，但會偷偷地回家，留下食物、手帕、布料等……」

「……很像我現在會做的事……」

「妳父親是不是都一直支持妳，無怨無悔地付出，脾氣很好，默默地支持，從不抱怨？」

「是，妳怎麼知道？」

「啊我仙姑咩！」我送出幾個好笑的貼圖。

「他很善良，逆來順受，總是在保護我！」

「爸爸是妳的小兒子。」

「！！！」

「你們太窮，鄰居都勸你們把孩子賣掉，賣去當大戶人家的傭人，日子會好過一點，孩子也能得到比較好的照料，但妳都一直背著他，冬天到溪邊洗衣服，溪水都結冰了，水很冷，妳邊洗邊哭，但是還是堅持無論如何都要照顧他，因此，他許下願，只要有媽媽的地方，他都要一直守護媽媽，保護媽媽……」

「我懂了！所以，我對他們做的，他們也會對我做……」她有點懊惱的語氣。

「也不盡然，我看到的都是妳要問的相關的人事物的片段，但累世、宿世的因緣，都是累加、交叉、重疊，一件事情的構成，不一定只有一輩子的緣分或因果！妳父親，就跟著妳好幾輩子！」

「我休息一下……又卡住了！」我在沙發上沒規矩地大字形攤平。

「喔！我快把妳逼瘋了吧？」P大叫。

十分鐘又過了。

「妳在很多很多很多世前，是一隻小鳥，期待轉世成人，但變成人了，又忘不掉飛翔的記憶，所以，妳一直都想要飛離現居地，不喜歡固定在一個地方。」

「是啊！老是想去高的地方，愛刺激，又害怕！那……我現在怎麼跟媽媽相處？」

「妳嘴硬啊！下次妳就找她喝酒，就跟她大吼說，我愛妳才由著妳，妳自己都要這樣不愛自己，我也不想管妳了！就會好一些了！妳們就是不願意說眞心話！」

「是啊！」

「還有，換個有窗的房子，打開窗簾，不要老是關得黑黑的，窩在床上或沙發的小毯子上，也比較不會過敏……」

「×，妳連我過敏都知道！妳怎麼知道我不開窗簾的！妳怎麼知道我有小被被！」P不冷靜地叫起來，我則在螢幕這頭哈哈大笑。

上輩子行腳僧

這一位，也是我的大學同學，非常陽光，也以特立獨行走出自己的風格。

我們畢業之後，就再也沒有見過面了。以往的陽光少年，二十年後，竟然變成了僧侶羅漢的樣貌，與世無爭，知曉藏文、英文、日文，過去的青春叛逆，現在爲人師表！我也訝異他的轉變。我們在臉書上片片段段地閒聊，他親手種植蔬果，拍攝貓咪與生活的細節，心彷彿變柔軟了，也變得更細膩，應該人與人生都轉換了！

同學閒聊，他說覺得自己上輩子是僧侶，這輩子也是。

「你是啊！」我應。

我看到他，背著像甯釆臣一般的背筐、穿戴行腳僧的灰色棉衣、綁腿、斗笠，在漫天飛沙的沙丘上，低著頭，舉步維艱的前行……應該是剛完成了一個任務，請到了一部經書，因此背上沉甸甸地，他卻甘之如飴。

「這是我第二次看到一樣的畫面了。」我認眞地發怔。

「我現在覺得有點困惑，感覺自己有點遙遠、不踏實，我一直都是日本人嗎？」

「嗯……」我還是狀況不佳，感應速度相當緩慢。「你最靠近這一世，我看到的，清末民初時，在中國的一個日本家庭當教書先生，那年代的人大抵都是徐志摩扮相，油頭，圓圓細框眼鏡，長衫，一派讀書人氣息；你進出日本人的宅邸，教他們的孩子中文，還被他們笑『中國人只能當教書的』。」

「難怪我對日本熟悉。我這一生的工作也是類似的呀！」

「你會覺得後腦杓老是有個點在痛嗎？」

「對，有時會痛，就一個點。」

「就……槍打的……」我講得非常委婉。

「！！！我腸子也不好！」

「以往生活條件不佳，你幾世都吃素，這輩子放縱地吃那麼多肉……」

「所以，轉吃素較好？」

「隨你心意，漸進式比較好，多蔬果，腸胃蠕動自然比較好呀！」

「妳覺得，有沒有可能，妳也具備我的能力，我也具備妳的能力？」

「這樣說，就像檢查清單，每個人的清單項目約略都相同，但你修習到一個階段，菩薩或你的神祇就幫你打一個勾。」

「也就是每個人的開發順序不同！」可以感覺出同學的驚訝。

「也有可能這世的因緣，讓某些項目不需要打勾，或被開啓。」

「了解！以後我們多交流！」

「不要排斥能夠助人的機會。」

「一緒に頑張ってる！」

G的今生

G是我在美國工作時，非常照顧我的朋友，她充滿耐心，又有藝術天分，有時候，看著她的網頁作品，我都會想，這樣的玻璃心哪裡來的？

G蒐集很多《星艦迷航記》、電影道具、布偶娃娃，整個房子整面牆都放滿了，還有一些是很早期電影中的軍服，甚至是真實經過戰爭的軍服武器等。

G問我：「我都一直睡不著，在家就頭痛，覺得有被人窺看的感覺耶。」G在臉書上傳來一段話。

「呃……妳家中間的位置，是不是有一顆圓圓的、像蛋的東西？」我還不知道G現在搬家搬到哪裡去呢。

「……妳怎麼會知道？那是一顆龍蛋，是某部電影的道具，很多年了！」

「很多年了，所以有一個老先生，老是在看妳睡覺啊！」

「那我應該怎麼辦？」

「最簡單就是把它搬走！如果不能搬，就只好用紅毯子鋪在門口，更狠一點，就看妳要在蛋周圍撒鹽米，或是妳房間門口撒鹽米咯！」

「我是基督徒欸！」

「嗯是啊，對我來說所有宗教都一樣啊！然後呢？妳就試試看，最多無效就是掃掃地、吸吸地板，我沒有要妳念佛吃齋啊！」

「好吧！」聽得出來G有些排斥。

幾天後。

「我們雖然吵了半天才把它搬離現在的位置，但是，搬走之後，我就睡得很好了。」

「讚！」

某一回聊天，G談到她喜歡的一個男生。

「我看到你們在雪中、兩旁有稀疏的樹木的道路上，手中牽著一個可愛的小男生，大概三歲左右，長得很可愛，還在厚厚的積雪裡，盪起他的鞦韆……」

「是喔！」G也存在著無限的想像。

後來又談到這件事。

「ㄎㄎ……」

「幹嘛笑？」

「我看到精彩的畫面！妳要知道嗎？很精彩喔！」我一直在螢幕前偷笑，這段「影片」實在太有趣，是我第一次觀未來的畫面。

「我看到你們兩個，在一棟山上綠頂的小木屋裡，小木屋裡有壁爐，壁爐前有一張大地毯，兩張舒適的沙發椅，燈光昏暗，但可以看到火光。」

「然後呢？」

「我有點不太好意思繼續看下去……」

「蛤？」

「我就看到你們兩個在地毯上……親熱……」

「喔喔喔！」G回過神來，終於懂了。「然後呢？他的屁屁翹嗎？」

「蛤？」換我哭笑不得了！「還沒脫下長褲……但我不想看欸……」

「看一下嘛……」

「好啦……很翹啦很翹啦！」我無奈。

有時候感應畫面，我也沒辦法控制「火熱」的內容出現。

副社長的亡父

第一次見副社長，是個有趣的過程。

我以爲在臉書上莽撞打擾又毛遂自薦的是總編輯郝明義先生，沒想到，眞正約到見面商談的是韓姐（這是尊稱）！而我原先聯繫的郝先生，其實是董・事・長！Oh My God!

我們約在（離我）遙遠的新北投捷運站，我還傻傻坐過了頭；直到進到星巴克店裡，韓姐看來已四平八穩地安坐在沙發上一段時間了。

我乖巧地坐下。

之前她已大略了解我的來意，也就是我希望出書的內容，因此，我掏出厚厚約一萬字的稿子和青澀年代刊登在《創世紀》詩刊上不成熟的小作品時，她笑著接過，仔細地閱讀起來。這時候反倒我有些羞愧了，啜著咖啡，心思亂轉，總覺得沒有仔細修潤飾過的稿件，在這樣的文化人眼中，會不會不登大雅之堂，心情開始忐忑起來。

一段時間看完後，她開始發問：「妳爲什麼想出版這本書？」「緣起是什麼？」「引人入勝之處是什麼？」「和市面上其他同類型的出版物不同之處是什麼？」

我整個大冒汗，呑呑吐吐地回答：「我發表過幾篇PO文在臉書上，大家反應都滿熱烈，但我的目的不是譁眾取寵或是宣揚自己的能力，而是第一，聽到了旨意（我指指上方）：第二，我身邊有很多這樣相同體質的朋友，很多人在生命中的某個時間點，都受著身心靈的苦，無法解釋、難以言喻、不被理解，甚至被排擠於社會或團體之外，在家裡還經常得面對家人疑惑排斥的眼光或話語。

「我們跟每個人一樣，都是來修行的，也就是前世的功課做得不夠圓滿、沒有完成、成績不好，或是看見人間的苦，又傻傻地發願要來（投胎）的（我本人聽老師說就是這樣的例子），因此，我們也是人，但要承受更多磨練、經歷更多遭遇、忍受更多委屈，生活、經濟、人際考驗外，還要做上更多功課，走到一個境地後，還要費心費（靈）力幫助其他需要幫助的芸芸眾生（我也形容得太偉大了！），這也是爲什麼我想要寫下我的歷程，分享給有相同經歷、體質的人，更影響許多非相同體質的人，希望大家都能了解這些必經的過程（每個人不同），能給我們這樣的人更多支持，和讚嘆的眼光（疑？）是『認同』啦！」我開了個小玩笑。

韓姐沒什麼表情。

「呃！賣點部分……我的部落客朋友，特別送給我大塊小異系列中《靈界的譯者》這本書，還鼓勵我，我和一般的靈媒、算命仙、大師的原生環境不同，我擁有國外碩士學歷，一直都在頂尖外商、高科技產業工作（請原諒我老王賣瓜），職位也不低、是中高階經理人，這和許多我們熟知的算命師的背景大相徑庭，兩相對照下，更顯得我的突出！」我不知道是不是心虛地又吞吞口水。

「不錯啊！挺讓人想繼續閱讀下去的！也有市場區隔性！」她終於開口。

「那我可以問妳嗎？」韓姐身體微微前傾（這是聯邦調查局×××教的，當人姿勢前傾，表示對某事物感到興趣）。

「蛤？」……我頓住，「呃……可以啊……」

她開始緩緩道出故事：「家父非常疼愛我，但晚年和家母頻頻吵架，已經造成子女困擾……家父往生已過了三年多，但每次思念父親，總還是傷心難過得哽咽流淚……」

我點點頭，眼角忽然瞟到旁邊一位看來五、六十歲的先生，體面硬挺的兩件式黑灰色西裝、背心、帽子、拐杖，長得相當好看，站在她右邊，看著她。

敘述並確認之後，我看到的影像，應該就是她的父親大人。當然我稍微說明了他們的前世因緣，她也頻頻點頭。

和老闆因緣奇特的大正妹

二〇一五年五月底，和一個認識正好十年的超級大正妹第一次見面。

其實，我一直不知道為什麼我會需要在某些只有老天知道為什麼的時間點找她（她也找我）。

正妹超正，我想珠寶精品業要找到她如此正的應該沒有幾位（又離題）。我們十年來也沒有什麼交集，對對方也不甚了解（連對方在哪工作都不太清楚），今天忽然間見面，一聊快四小時。

正妹說：「妳剛說我跟我老闆上輩子（概稱，不一定是準上一輩子）有什麼關聯？（張大眼！）他愛死我了，可是又龜龜毛毛反反覆覆……」

我說：「唔……」

「妳上輩子跟我在同一個朝代同個個地方……什麼鬼……（再度確認畫面……）不

知道是宋朝還明朝（我看到的畫面分不出來，但催眠就會清楚知道時地！），我是布莊老闆（本場景已經出現在我身邊周遭人第四次了），妳是我布莊裡遠近馳名，人人捧著金錠來求妳鑑定頂級布匹車繡工藝的鑑布師，妳老闆是愛慕妳才氣的男客人，每每想求妳鑑賞卻不得其門而入……」

「是喔……」

「嘖嘖嘖……看妳的臉、機車的哩！頻頻撫摸布紋、超不屑、眼角斜睨、指著布上的金絲繡線嫌棄車工不利落……（帶動作）妳老闆頻頻吃閉門羹，直到一回妳生病了，他想來照顧妳，卻又被妳拒絕，他就帶著遺憾，遠行他方……很久之後帶著懸念到下一世……」

「我起雞皮疙瘩……妳怎麼知道我家做布匹生意的？我小時候，很小很小，媽媽帶我去買衣服，沒人教我就會反覆摸衣服的料子，超挑的！挑的都是當時五、六千元的衣料……最好的料子……我超挑布料珠寶的……×牌紅寶都感覺濁……」

我說（攤手！甩髮！）：「喔！對了，他對妳的好，剩沒幾個月了，妳自己邊找工作，不要搞得自己太委屈、太不開心！」

幾個月後，大正妹離職了。

樵夫S

S是我日本自由行社團的朋友，一直保持著良好的互動，對社團這方面的經營有不懂的地方，他向來是不厭其煩、耐心十足地解說；他對日本也是有如走「灶腳」一般，常常迷了路、亂了套，都要靠他的人肉GPS來線上導航，常常比Google Map都還好用呢！平日，S也跟著朋友對我「仙姑、仙姑」的稱呼，但在「仙姑」這方面的事，我們倒是沒有多著墨，白話來說，也就是我對他的家庭背景完全不了解。

一日，S敲了我：「我想要算一算，這樣妳會不會很傷！」（總算有人了解這眞的很費心耗力啊！）

「你要問家人的事？」我接著問。

「可以幫我看看我老婆的前世嗎？」

「那麻煩給我照片。」我實在太虛弱了，沒力氣用感應的一個一個人像與關係尋找，直接看照片最快。

「妳老婆是不是身體不太好？好幾世都有心臟毛病欸！脾氣也不好！要改要改！她上輩子應該在中國。」我看了照片幾眼。

「是，她有狹心症，脾氣是真的很不好，但這幾年有勸她慢慢改。」

「情況微微有些複雜，她的母親是上輩子奶媽的媽媽，她喝兩人的奶水長大，這輩子來報恩的。」

「嗯！她看媽媽看得很重！那奶媽呢？」

「奶媽啊？」我笑，「奶媽是你女兒啊！你老婆應該拚了命的疼她吧？」

「是啊，跟兒子比起來稍微比較疼愛女兒。」

「兒子皮，以後也比較獨立，喜歡學街舞什麼就讓他去！女兒要嚴一點教倒是！」

「！！！他才說想要學街舞！」可以感覺到S的驚訝神情！畢竟，我根本不知道他有幾個小孩的狀況下，竟然知道他兒子想學街舞……

「還有，我想要知道一位親人，爲什麼忽然離了世，我們都辦完了後事，心裡還是不太寧靜、安心，總想追根究柢知道爲什麼？」

「應該是沒什麼痛苦的就走了吧？」

「心臟病。走得好突然，還沒四十九天，眞的很突然。」

「其實這是福氣，她兩世都發願守護你老婆，她的女兒，心願了了而已。記得我說你跟你老婆上輩子也還是夫妻嗎？她是好人家的女兒，只是家境普通，但她硬要嫁給你，你又窮，只是樵夫，砍柴賣柴，日子過得辛苦。但是你幾世都很用心供佛，這輩子是不是衣食不缺？只要沒錢，錢就跑出來了？」我傳出一個挖鼻孔的貼圖。

「對對！」

「這樣舒心點了嗎？」

「有！好多了！好好地走，這樣我們就安心了。」

檢視Y的生活

Y是S的好友。

S一直很希望能把Y介紹給我，因爲覺得我們倆應該有很多話可以聊，很多事情可以合作，因此，拼拼湊湊時間之下，我們先在臉書上簡單聊了起來。

夯不啷噹的內容省略，S從我們的群組中退了出去，希望我幫Y看看，特別是個人的部分。

「不好意思，那我就直說了。」陌生人，特別要注重一下禮貌。

「那個，不要不喝水，水要多喝一點，這樣會容易水腫。身體要顧。」

「妳怎麼知道我不喝水？妳有在我家裝攝影機嗎？哈，我去按摩都被罵：腎臟不好，水喝太少，工作都忍著不去廁所！仙姑還知道什麼？」

我在螢幕前笑了出來：「喝一些檸檬水排排毒好嗎？工作累的時候，不要對孩子太大聲啦！跟老公的感情要好好維繫！不然以後會比較辛苦喔！」

靜默半晌。

「欸……妳有在我家裝攝影機嗎？」

「不要讓老公念啦！花錢的部分。」

「他不會碎念我，因爲反而都是他在消費血拼。」

「但我看到妳衣櫃滿滿的、滿到上方的包包都掉下來了啊！」

「眞的有攝影機！」她傳來驚恐的貼圖，我忍不住在這一端大笑起來。

其他都是工作合作的部分，略過不提，但我希望我看到聽到的，都會在我說出口的時間點成立，並對她有些幫助。

我們後來迅速見面了，和Y。

她大老遠從新竹跑來，女生嘛！不管幾歲，見面聊是非怎麼能缺了甜點呢？甜點之後，還跑去我一直念著想吃的鰻魚飯，兩個人又聊了起來。

「要謝謝S，眞的很幫我，我們是很好的朋友！」

「妳跟S上輩子就互相幫忙啊！S超窮的，住在山腳邊，妳是山上大戶人家，妳都讓他把柴送到妳家，一直持續了很多年。後來，『妳』的女兒還嫁給他兒子……」

「哇……」

「所以，人會相遇都是有一定的緣分，無論好或壞、喜歡不喜歡，一定都有關係的！我在高台寺附近，找到了接近那一世，你們居住區域的石板道和凸起的小水溝……S這趟去京都有去找了……找到他家，也很靠近妳過去的居家之地了！」

「那我老公呢？」

「上輩子他是鄰家女孩，從小就在溪邊洗衣幫傭，妳很喜歡她，都站在岸邊看她洗衣服，甚至還想要幫她，但妳母親不准，妳就在那裡看著她，一直看到十六歲，她被嫁到別的地方去。平常，妳老公都一直在等著妳回家嗎？」

Y沒有多說話。

第八章　天使

生命的盡頭是什麼？靈魂不滅。

◎亡靈（其實是Angel）

生命走到目前，有非常多次接觸Angel的機會！我不稱「亡靈」，原因是其中眞的有美好的靈，離開我們之後，在不知名的地方，在脫離常軌、無需審判的地方，在愉悅地當著天使，因而稱之爲Angel。

Angel 一

事情應該是在二○○二年，我還在美國，研究所甫開學一段時間。先介紹一下我的爺爺，我們稱「阿公」，生活在台南官田一個可愛的小村裡，在他的年代，像他一樣小學校畢業、中文日文精通、會寫字、能讀信、又高高瘦瘦帥帥的人，眞是少之又少，想當然耳，阿公是鄉裡的代表，常常要幫大家解決很多事情，寫很多信件，幫婆婆們念一字千金的家書；而且，阿公的孩子們都很努力，工作成就也不錯，因此，「德高望重」成了我對阿公的印象。

小村子在山中，一戶戶挨著建立起一個個環形的堡壘，我永遠記得那個可愛古樸的小院子，紅磚、瓦頂、藍綠色的柱子，貼著阿公親手寫的毛筆字春聯；燒柴生火的老式爐灶、大鍋子、煮飯時噗噗冒著蒸氣的煙囪，比銀行商標還大又茂盛的龍眼樹，可以騎腳踏車狂飆繞圈圈的院子，黑色又帥的野狼機車（以前都可以三貼四貼五貼），廣大到讓我們包場當私人遊樂區的靶場，充滿阿公笑臉、汗水、結滿美好果實的芒果園（我可是摘過土芒果的喔！）、草仔寮（當然都有凶巴巴、小朋友都害怕的黑色大狗！）。一年中，暑假、寒假，我們都會跋山涉水地（以前沒有高鐵……）回去看爺爺奶奶。每天晚飯過後，大人泡茶聊天抬槓，小朋友看星星騎單車、追逐；我們七、八個孫兒女都會搶著幫阿公搬搖椅，和超大但重量很輕的藤椅，等著阿公笑吟吟地說故事，或唱桃太郎さん給我們聽時，眼神中透露著滿溢的幸福……那是幼年時美好、單純、歡樂無瑕的回憶……

幾年後，我長大了，爺爺年邁了，我可以獨自一個人去美國讀書生活，更少到鄉下陪阿公了；二〇〇一年左右，阿公生病了，說得了沒有辦法開刀治療的腦幹癌，應該是緣分不夠，碰到沒有能力協助的醫師，所以，我印象中，每一次從美國回家陪爺爺，卻是看著他逐漸衰弱，從可以走路散步，直到坐著輪椅；最後一次見爺爺，是推著阿公的輪椅，在醫院的環型迴廊裡，繞了一圈又一圈，身邊有很多紅豔豔的聖誕樹，兒童病房孩子的笑聲響亮；阿公是堅強勇敢又永遠帶著笑容的人，一點也不讓我們感到他的折磨痛苦，我們陪著阿公說話、逗他笑，告訴他，會好起來的……

一個晚上，媽媽打來說阿公狀況不好，要我隨時有回台灣的心理準備；「我要期中考，沒辦法回去啊！」我回道，心裡很忐忑，心情也不是太好，很不穩定，直想著阿公不會有事的。

再隔幾天，週五就考完了，這個時間點，沒有消息就是好消息！但是，某個夜裡入睡之後，阿公來託夢了！

夢裡，阿公還是一樣慈祥和藹，笑吟吟的，他告訴我，週六下午兩點左右，他就要離開，要我乖乖考試！

白天一睜眼，我馬上打電話給家人，他們也半信半疑，也可能不把我的話當一回事；週五一考完，買了最近期的機票就衝回台灣，等我風塵僕僕趕到台南，記得是下午四點左右，媽媽說，阿公兩點多過世了！我抬眼看著大廳裡的棺木，我到現在都還是很遺憾沒有見到阿公最後一面（但媽媽說，最後入殮時，爺爺的內臟器官都衰竭了，七孔塞滿棉絮，以避免血水流出。也還好沒有讓我看到，所以我一直都覺得爺爺還是很帥很帥的樣子）。

夜裡，大人在老家大廳裡，輪班點香守護，阿公又來我夢裡了：他說他很想看小姑姑！我只好跳起來，要媽媽打電話讓美國的小姑姑回來（姑姑住北加，我們也很少見面），因爲阿公想見她！全家人都聚在台南老家了，就只剩姑姑還沒抵達，大人你看我、我看你，也只能信了我。

那時候的我，渾渾沌沌，智慧未開，也因爲時間久了，對中間過程已經沒有什麼印象了，我只記得，我們穿著傳統喪服（披麻帶孝），雙膝跪在水泥地上，當父親念起祭文，懷念爺爺過去的慈愛時，每個人都泣不成聲；接著，輪流向來賓祭奠答禮；當爺爺下葬後，我們回到老家院子，已經搭好帆布棚子，大人要我們換掉身上的黑色喪服，穿上有顏色的衣服，大家就開始在院子裡的棚子下擺桌用餐，然後，親友離開的時候，我們都送上紗袋裝好的白色毛巾，聊表涕慰，一切禮儀就完成了……

人生在世，結束，是那麼快而無聲。

Angel 二

我來說說 Angel 二號，這位其實是我的外婆。我們從小就不是太親，因此，我本人是不受寵的；小時候，不懂事，心中會有怨恨、懷疑，也會惡言相向；對彼此的不了解，造成她對我也很不滿，覺得這小孩怎麼那麼不討人喜歡，因此，她過世前甚至有留下「死也不放過我」之類的話（雖然非常不中聽，但後文我會解釋這句話的眞實意涵）。總結即是：我們相處得相當不好。

她早年在美軍俱樂部工作，許多生活作息都和家人不同，飲食習慣也是；小時候，總是不懂爲什麼我不被喜歡，也曾經順從她的話，以爲她會有改變態度的一天，但是，總是不如我意，久而久之，人的個性不會改變，我也就不在意她的諷刺刁難，這樣自己還過得開心一些。

國中起，我就搬到樓下，也不需要天天面對面，心情就豁然開朗起來；長大了，擁有了自己的生活圈，更不會在意她的一言一行，甚至，我也不再上樓看她，都是媽媽辛苦地照顧看護著。

過了幾年，從美國回到台灣，父母也未曾在越洋電話或 messenger 裡提她的狀況，直到我回家，才知道她長年失智且病著，拖過了可能有十多個年頭在安養院的時間，熬不住，便過世了！

依照傳統習俗，前八個小時都不能移動遺體，我們孫輩都得去名叫「懷恩」、「懷德」的殯儀館，跪或坐在她的跟前念經文、念佛號，即所謂「助念」。

一個晚上的頭七儀式裡，我們將靈位移到了一個小房間，裡面有幾位幫忙助念的師父和志工，加上我們六個人，共九個人。

談一下空間配置：事實上，小房間加上神桌及供桌、隔間已經差不多塞滿，坐進去之後，便幾乎沒有移動的空間了；而要離開小房間去洗手間的話（一直不敢去），要把圓椅子（辦桌的那種小小圓鐵椅）拉至一邊堆疊起來、拉開兩扇大扇的木頭拉門才行；隔間左右邊又有突出的圓形柱子，格局很是擁擠，連呼吸都不太容易；大家拿好圓凳子，圍著牌位供桌坐定，我坐在中間偏左，在我面前的是親戚的牌位和一整排的菩薩像（應該是西方三聖和另外十尊菩薩？），以及厚厚的一大摞經文；在師父及助念志工的指示下，我們跟著一字一句地唱和誦念。

就這樣，誦念了大概幾個段落、內容類似是念誦各個菩薩的佛號，念著念著，我突然心裡一亮，眼光向左偷瞄了一下，「親戚」就站在左方轉角柱子邊，雙眼直視著前方，我一下子慌了，嚇得摺頁式的經書差點掉落到地上，只好趕緊低頭慌亂地左右翻找經文，忙亂地跟上進度；又念了一陣子，我猛地抬起頭往菩薩像方向看去，目睹了我這輩子「看過」最奇異的影像與畫面，迄今都還鮮明如畫！

小小擁擠的助念室，竟然在我的視野前方，出現了一整片範圍廣大、延伸遼闊無限、很明亮一如白晝的大片白光！（想像電影中，主觀鏡頭在漆黑的房間裡，忽然打開外頭正午十二點陽光的窗戶一般的感受！或是湯姆．克魯斯的電影《世界末日》，逃難時，眼前有偌大的隕石火球飛過來那樣！整個視覺脹滿了白色的光芒，沒有盡頭！）

白光延展，遠遠遠遠超過這個小房間的數十數百倍之大的範疇！眼前原本是畫像一般列位的菩薩像，忽地一尊尊不但３Ｄ立體化（請原諒我的形容詞！），還發散出閃耀明亮金色日光般卻很柔和的光芒，並且不斷不斷地放大，縮放退後了數百倍之遙！清晰的菩薩群像之下，出現了一條又直又長又寬廣的白光大道，我揉揉眼睛，猛然發現，親戚的靈魂小小小小地出現在我的視線下方（比擬起來就像遠望著太平洋，靈魂就是你伸長手時，食指指甲片的大小），在我們的誦經聲中，緩緩地、努力地往菩薩像的白光大道上走去；我不敢相信我的眼睛，下意識地伸長手去抓，卻發現在我的手掌和視線裡，那麼偌大（小）的範圍，卻是那麼那麼地遙遠，遙不可及！我甚至可以感受到親戚不斷地奮力地努力往前走，卻無法在短短時間內，就走到菩薩腳邊……這樣的視覺震撼，其實，從發生、震驚、正視，應該才不過短短幾秒，但當下，我卻覺得時間長得像一個世紀之久！在此同時，我發現，我們助念的經文、佛號，竟然有助於加速親戚靈魂往前進的效用，所以心中就更想要拚命地念……

《地藏菩薩本願經淺釋》中提到：「……長者。未來現在諸眾生等。臨命終日。得聞一佛名。一菩薩名。一辟支佛名。不問有罪無罪，悉得解脫。若有男子女人。在生不修善因多造眾罪。命終之後，眷屬小大。為造福利一切聖事。七分之中而乃獲一分。六分功德。生者自利。以是之故。未來現在善男女等。聞修自建。分分己獲。」

先不求生者可得之利，但相信能爲天使造些福分，也是好的；即使是基督教或是天主教，或是其他宗教，在臨終之時，能聽到耶穌、聖母、阿拉之名，對於亡者，也應該都有所助益吧！

「叮」一聲，引磬聲響，整個畫面猶如長畫卷軸，「咻」一聲縮回眼底！

我呆呆地望著菩薩像發愣，不敢相信這一切畫面！直到家人輕拍了我，要我把椅子移到一旁，我還是傻傻地回不了神。

現在的喪禮舉行，已經很少人完成七個七旬的儀式，都是頭七、二旬、少數人做到三旬，接著就是尾七（也就是俗稱的七七四十九天），照這樣看來，出殯當日，一定會有些靈異現象發生咯？

果不其然。

出殯火化當天，清晨不到六點，我們就早早黑衣素服來到靈堂前，依照現場師父指導，完成祭拜等儀式。

當師父拿起招魂幡，要我們拿著牌位、素果，經過一條有天花遮蔽的小徑，跟著他念念有詞前往火化室。弟弟妹妹捧著牌位走在前面，我走在最後，走一走，發現外婆就跟在我後面，跟著我們一步一步往前移，還不時用食指戳我背心。我心裡喊著，「快走到了，妳不要催了啦！」她才放棄戳我的舉動，餘下的儀式，也都順利的完成了。

她過世之後，我們上樓整理她的遺物與環境，打開紅色斑駁的鐵門，眼前的景象眞的嚇壞我們了！約有三十五坪大的空間裡，只要有桌子椅子家具，上面都堆滿了上百件如小山般的衣物、上百把雨傘……這到底發生了什麼事？我們請了貨車，整整兩車才清理掉她的雜物。她離世前這十年，都特別請人看護照顧，並不住在這裡，因此，我們將房子室內整個打掉，重新裝潢，接著也先租後售給了一對夫婦。

一天，媽媽有點無奈地說：「樓上鄰居也是有特殊體質！晚上夢到外婆問他們，爲什麼要住在她家……」

「呃……」

不僅如此，自我有印象開始，家中就是有包含地下室的三層樓，一直都是陰陰涼涼，夏天三十六、七度也無須開冷氣，因爲始終都很「涼爽」，我們都以是因爲住在一樓的關係，但後來請師父來家裡清淨過環境之後，準備恭迎菩薩，才知道，其實是家裡有很多不乾淨的東西，因此，家裡溫度特別低，家人也常有口角紛爭，大家也不願意待在家裡！

那和外婆有什麼關係呢？

那時我才剛「上山」不久，師父指出家裡供奉的祖先需要有菩薩或是神佛的幫助，才能領取到我們供奉的食物、錢財等，因此，師父就打開了佛具行的網頁，對我笑笑，我也知道「祂」在等我，我們就在螢幕前一個一個頁面從數千尊的菩薩像裡，尋找即將請來家裡的菩薩像，翻了大約十五頁，我指著一尊法相莊嚴，但是形象自在，翹著腳的「隨緣觀自在」菩薩，「就是祂了！」師父微笑著說：「菩薩像感覺好像妳，有沒有發現？」

於是當天，師父就開車載著我，從三芝直奔桃園迎回菩薩像，在道場中開光，等待吉時吉辰回家安座。一路上，我像觸電一樣，一直被電到，就像有人拿著通電的電線，往我身上戳的感覺，電流不是非常強，但是是會被電到一直從椅子上跳起來的那種。我心裡有點疑惑，但是那時還分辨不出到底是誰要找我？要我做什麼？因此一路從三芝到桃園再回三芝和北投……我就一直處在通電的狀態。

隔天一早，我就跪在地藏王菩薩面前擲筊，第一次擲我就福至心靈地詢問：「是祖先要找我？」

聖筊。

「是我外婆找我？」

聖筊。

「不會吧？要我念經回向給她？」

聖筊。

「《金剛經》？大悲咒？」經過確認，是大悲咒。

「幾遍？七遍？二十一遍？四十九遍？」

「二十一遍。」也就是這一次，我把八十四句四百五十字的大悲咒（音譯本不同，有八十八句等等不同的寫法與版本，僅供參考）給背了下來。當時，我有點碎念爲什麼要我念那麼多次？外婆甚至還說死後都要找我這樣的話語，why me?

師父和道教老師一句話，解了我的多年心結：

「她會那樣說，是因爲，只有妳有能力知道她需要什麼、缺乏什麼，也只有妳才能幫助她！」「大悲咒有修復的功能，她一定是長期身處在病痛裡，靈魂需要修復！」「佛教裡，一百零八遍相當於圓滿之意，妳就念一百零八遍，讓這個緣分圓滿的結了吧！」

我念了一百零八遍，南無喝囉怛娜多囉夜耶、南無阿唎耶婆盧羯帝爍鉢囉耶、菩提薩埵婆耶、摩訶薩埵婆耶、摩訶迦盧尼迦耶……

就這樣入了塔，安靜了好一陣子。

一個過年，大年初二之類的日子。

凌晨，約三四點，我突然從睡夢中清醒，正確一點來說，是嚇醒。我硬生生張開眼睛，外婆站在我床角，冷冷地看著我，發著青光。

「要幹嘛啊？幹嘛嚇我？」我大叫。

外婆消失了。我瞬間了解她要什麼。

一早，我沒好氣地問媽媽：「你們是不是沒去拜外婆啊？她來催了。」媽媽眼睛睜得大大的：「還沒啊！妳怎麼知道，隔幾天才要去！」

後來，我換到現在的天印老師做修習，爺爺奶奶外婆都不會來找我了，這時候，有什麼需求，要找誰呢？

對了，就是妹妹和弟弟。

靠近清明時節，一天妹妹慌亂地在 Messenger 上說：「外婆來找我了！好可怕！臉青青的，看著我不講話。」這一個畫面，嚇得她好幾天不敢睡，生怕一闔眼，外婆又來了。

「她要妳去看她，跟她說話啦！帶點她喜歡的去看她。」

妹妹默默地買了幾樣外婆喜歡的點心，回家來的時候，一個箭步衝到外婆牌位前，嘀嘀咕咕的念著。說也奇怪，外婆當晚起就沒有出現在妹妹的夢裡了；但是，每次節慶前，一樣的事情還是會發生……

前文不是提到，我們請了一尊菩薩，並請師父來進行安座的儀式嗎？菩薩安座之後，當然也得讓祖先牌位安座下來，而儀式之前，會先清淨家中所有的角落，先請菩薩和祖先稍後，再一一請入佛像及牌位中。

菩薩入神我是看不見的，那時功力不夠；但是，在請祖先進入到牌位之時，我可是親眼見到了非常有趣的情形：當大師姐在恭請時，擺出請上座的手勢，我看見門口的祖先，約有三、四位，一位接著一位排著隊，走進牌位裡，是淡淡的人影，我驚奇地瞪大眼看著，而且知道他們是我的曾祖父等，但是，我的祖父呢？

Angel Ⅲ

雙十年華，人生最華美的時刻，我親愛的小C卻香消玉殞，選擇無痛地離開這個世界。

我親愛的小C，是我在進口車商工作時，盡責、認眞、積極、從不抱怨的微笑小天使。

爲什麼這樣說？

說直白點，小C的父母，是我前公司其中一個品牌獨立經銷商，經營妥善、管理得當，業績也是名列前茅，因此說小C家境優渥也不爲過；小C也在高中就赴美接受教育，整個人充滿了美式的活力以及台灣美眉的無辜可愛形象。那一年，小C和其他幾位小朋友怯生生又低調地，進入公司的行銷部門實習，我們幾個還私下偷偷的煩惱著，如何與「王子公主」相處並「使喚」他們工作？大家有諸多的討論與揣測；直到小C加入——她可愛稚氣的臉龐、甜甜的笑容、溫柔有禮的態度，慢慢消除了我們的疑慮。

隨後，史上最瘋狂、當時正紅的Lady GaGa因我們的贊助而來到台灣，全公司上下全體動員、隨時待命、無時無刻都在調動車輛、安排更動行程來迎接這位貴賓；活動從台北辦到台中，從機場到女神下榻的飯店到台中展示場，VIP車主活動、媒體公關活動到封街、cod女神大遊行等等，整整瘋狂了三個月以上，行銷公關團隊人人睡眠不足，焚膏繼晷，人仰馬翻。這時，人手最不足的時刻，小C發揮她最大的耐力與耐心，一路幫我們處理細瑣的細節、雜務，活動中也隨我們各地奔波，頂著太陽，披星戴月，搬抬活動用品，烈日徒步跟著遊行，繞行幾個街區指揮秩序，幫忙開車、移車等工作，沒有喊苦，認真、細心又負責，連吃便當也讓其他工作人員先吃……

我們眞是完全被這樣完美家教的小公主折服了！在 Lady GaGa 活動順利結束後，小 C 也變成大家的好朋友及最佳幫手，維持極佳的友誼，公司的慶生、社團，都可以看到她充滿笑容的稚嫩臉龐。

小 C 和我常有很多可以討論的話題，雖然我們差了一輪，但是男朋友即將到中國生活，要如何找個好工作的話題，永遠都不過時。當實習期滿後，我們見面的次數就少了，在臉書上也只是關心對方的動態而已；小 C 回到美國，拿到了學士學位，回台來發展，找到一個音響公司的工作，聽來大家都對她很好，也給她非常多學習的機會！正當我們覺得一切都很順利時，忽然聽到小 C 生病的消息。很快的，她的臉書關閉，換上她男友貼心的提醒：「小 C 正在靜養治療，需要減少 3C 產品的接觸，如果有任何的關心，請找他。」

我默默地和小 C 的父母聯絡上，見到了小 C。

她雖然剛經歷了腦部的大手術，在加護病房待了九個月，復健功課著重在重新學習走路、說話、寫字，本來就孩子氣的她，看起來更「天眞稚氣」了！但小 C 就是小 C，依然熱情好客，一直招待我吃零食、努力地張嘴咬字和我說話，用力使勁地握著馬克杯，每個動作，都看得出她在盡力，一點也不願意放棄；我們也聊到她的疾病與治療過程，在極大的不安與身體的病痛中，她仍然充滿活力，積極復健，同時也深深地感謝父親與母親的愛與照顧和不離不棄。

直到離開小C家門，我都還是覺得信心滿滿，看著她臉書上到處趴趴走，到後來聽說她可以離開輪椅走路、逛一小段街，心中眞爲她開心！

但，從來也沒有想過，這是我們見的，最後，一面！

隔了一陣子，和小C的母親一直相約見見面，看看她，才隔了兩日，董事長夫人就告訴我，小C的狀況稍微惡化，正在考慮要不要再度住進加護病房；翌日，還是又進了加護病房。我聽到這消息，心裡有點慌，預感不佳，但我並沒有說，每天和小C的母親維持訊息往來，了解她的狀況。

一晚，凌晨三點，我從睡夢中忽然驚醒（眞的是嚇醒），小C，就這樣默默出現在我眼前。

相同清爽的美眉頭，白色的T恤，和我那天見到的她一模一樣。我心驚膽戰，有點驚醒後的混亂，在全黑的房間裡，我非常努力試圖瞪大眼睛望著她，試圖看清楚她，我想她可能要和我說些什麼，我更怕我漏看誤判了她要說的內容與任何動作。

她笑著看著我，凝望了幾秒，笑笑地和我揮手說再見，然後就消失不見。

這下糟了，我慌亂地滾下床，摸出床邊的手機，打開訊息按下小C媽媽的messenger，打了幾個字，忽然想，這樣不行，會嚇到小C的家人！凌晨三點欸！

我內心惴惴不安的調好鬧鐘，決定一早傳訊息。

一醒，傳完訊息，告訴小C的媽媽說，我昨晚大概三點多，夢到小C。小C的母親回覆說，昨天大概三點進行了急救，救回來了。我看著手機發呆，我怎麼能跟一個母親說孩子來道別的話？

又隔了幾天，小C一樣，半夜，在夢裡驚醒我。

這一回，戴著黑框眼鏡，靜靜的看著我，我們對望，沒有言語或訊息；隔天，小C母親說，他們讓她戴上眼鏡，在病房裡看看電視、聽聽電視的聲音。接著幾天，小C也沒有再來找我，直到我辦萬聖節活動的當天早上，我很早就到了會場，攝影大哥和我們都是熟人，早早的到了，拉著我，低低地說：「小C凌晨走了。」我冷靜的點點頭，彷彿早就知道這件事了！

妳怎麼這麼貼心，知道我忙，就眞的連再見也不吵我？

這些事埋在心裡，我實在不知道怎麼和小C媽媽和家人說出口；小C的父母採用顏色明亮、基督教的儀式打造她的告別式，我只能請託以前的同事，帶著一大束她想要的紫玫瑰，幫我前往拜祭和告別……小C的家人搬了新家，仍然爲她留了一個房間，房中沒有床，而且也是經由其他能和她溝通的老師和朋友，了解她希望擁有的格局與陳設之後設置的：L型的櫃子，沿牆設置，擺放她的照片和喜愛的小東西，房間中央，則是如日式暖炕的桌與地墊，方便大家圍坐下來聊天。靠近門邊的牆上，掛著一幅橘色暖色調的油畫，小C媽媽錄了影，po上臉書和大家分享。

當鏡頭畫面轉到那幅畫，我一看愣住了，就像《哈利波特》重中的大惡魔佛地魔的分靈體一樣，我知道小C的能量還存留在那幅畫上（這是明示我嗎？親愛的，我知道妳要我幫妳傳達訊息給妳的家人！我懂的！）。想著想著，還是得面對，隨後，小C媽媽訊息來了，大意是說，她覺得小C很希望我去看她的家人。我回應也敲定時間，接著，我要做小C交代我的事情了！

見面當天，我還稍微早起，點了香打坐，希望把要幫小C帶到的話語說得明白正確；入定，小C就來了，畫面中滿布白色雲霧，在哪裡我不清楚，但是卻能感受到平靜、歡欣、愉悅的氛圍。

「妳希望我幫妳傳達什麼？妳好不好？」我很自然地問。

小C感覺起來很愉快，聲音猶如飄在雲霧裡，「我在這裡很好，不喜不悲。」

我們開懷地笑了。能達到不喜不悲的境界，是怎樣超脫出來的？

點點頭，我知道了。

依約，驅車前往小C的家，其實我心中很是忐忑！我必須要說的話，一定會讓大家都需要很多面紙（我自己都需要），要怎麼表達，才是自然又貼近她的要求，又不過於煽情催淚？

走進房中，臨窗擺放一束小C喜愛的（其實是她交代的）紫色玫瑰花，坐進她們一家暱稱的「天妹SALON」的和式桌椅旁，轉頭，我看到了那幅畫，我確信也確實感受到，小C的能量還在。

「我今天是來當信鴿和翻譯的。」我笑笑，小C的父親躲在房外的搖椅上，小C媽媽和我對坐在和式桌的兩側。

寶貝女兒在花樣年華就離開這個世界，任誰都於心不忍，何況我得殘忍地告訴這雙父母我的經歷，也就是小Ｃ交代我的工作。我清清喉嚨，悄悄移過面紙盒，裝作鎮定，低聲從頭敘述起：

「其實，那天，我不是夢到小Ｃ，是……她來找我，跟我說……再見。」我吞吞吐吐，鼻子一酸。「但請原諒我，無法在那個時間點，和身爲父母的兩位，說出這殘忍的事實。」小Ｃ媽媽眼眶一紅，哽咽了起來。

我不知所措，只好說：「小Ｃ要我跟你們說……」

「幫我跟媽媽說，要她不要再擦桌子整理家務了，趕快回公司上班！」小Ｃ的媽媽聽完，一臉驚訝，呆坐半晌，邊抽起面紙，一手拉著小Ｃ父親坐下。

「還有，幫我跟爸爸說要他好好注意身體，健康重要。幫我跟妹妹說，感情的事情不要急，要找一個眞的愛她疼她寵她的人才可以。」

對於這一段話，我是如何說完的？其實，我像失去記憶一般。我看著這對父母頻頻拭淚，我自己也是一把鼻涕一把淚。我頓了頓，還是接著把話說完：

「雖然，我不知道她去了哪裡？但您們不用擔心，她去了一個超過我們所知、現行體制與規範之外的地方，她過得很好，請不用擔心。」

「那接著百日，我們要準備什麼給她？」

「她說，她想要花、想要巧克力、想要蠟燭，想要她愛的每個人都能點蠟燭許願，然後心願都能夠成眞。」我指指牆上的畫：「她在！」

後來，小C似乎非常滿意我爲她傳遞的訊息，雖然，身邊有許多人也在協助她的家人翻譯她的話語，協助他們完成她希望期待的、人世間的安排，但我知道，她過得很好；她在疼痛中，在母親病榻前輕聲的低語，「媽媽一定不捨，但只要她好好走，父母就了無牽掛！」於是，她選擇放心離開，停留在一個不屬於一般人理解或理論傳說的地方，靈魂不滅著；也許不是天使，但更超脫，平靜地看著人世間她靈魂還記憶著的色身。

隔年八月，某日我正和小C媽媽討論著小C妹妹找工作的事；夜裡，我做功課時，那孩子又來了，這回，乘著一朵蓬鬆鬆的白色雲朵來了：「妳跟馬麻說，妹妹長大了，可以自己獨立了！你們別那麼爲她擔心！她可以做得很好的！」寧靜、歡娛地又離開了！

小C呀！我可以幫妳傳達訊息，但妳總讓我難開口（和妳家人說妳又來了），難收尾呀！

這幾日，認眞的在靜坐中練習老師指導的內丹部分，讓氣循環，再進入禪定的世界裡，但我忽然到了一片地球外、雲之上的深處，我向前走，眼前只有白光、無盡的白雲，我不知道我身在何處，卻覺得異常平靜，內心無所畏懼，此時，小C出現了。佇立在原地，靜靜地，腦波沒有波動，平穩地像春日裡無雲的藍天。笑容，也是微微的。

小C的面容，比以往我們認識她的時候更加年輕，沒有了那副沉重的黑框眼鏡，白色衣裙，朝我走來，慢慢牽起我的左手，我面對她，看了她一眼，和她慢慢地前行。

「妳好嗎？」一貫的問候。

「我很好啊！可是，妳可以幫我跟我爸媽說，請他們常來看我嗎？」

「覺得寂寞了？」我們都看著前方，「妳的靈魂都和他們同在，怎麼還會寂寞呢？」

「我就覺得寂寞啊！」小Ｃ沒有多說。

「知道了，會幫妳傳達。」

我離開了那片雲。但是日子有些忙碌，過了小Ｃ週年後一陣子才聯絡上小Ｃ家人。

小Ｃ母親說，「我們當初就是擔心她寂寞呀！但是她還是自願葬在家族的墓園中。」

「記得去墓前看看她吧！」

Angel Ⅵ

參加完喪禮，感觸特別多；當過年、親人婚禮已經無法將所有家人團聚起來，只剩生和死可以了。

阿嬤（祖母）是最親切的、親密的呼喚。

阿嬤生長在窮困的家庭，重男輕女的年代，沒讀過什麼書，嫁給了相同清貧卻努力、認眞奮鬥的阿公（祖父），生了三男兩女，個個都很長進，因此獲得了模範母親的美譽……那是上個世代記憶中的母親的樣貌。

對我們來說，阿嬤就是很溫柔的，總是笑著，總是拿冬瓜糖嚼著，總是平實、滿足地擁抱小小甜蜜的休憩時間。當我們這群來過年假的小鬼頭又吵又鬧後，大家紛紛揮手道別，駕車準備返回工作崗位，送別時，阿嬤總是躲在角落裡偷偷拭淚。

頭旬當日，我們從台北飛奔到高雄，晚間抵達殯儀館。靈堂設在殯儀館的最後端，晚上的殯儀館，更顯得陰森，雖然一般人感覺是靜悄悄的，沒什麼人煙，只有遠處斷斷續續傳來做法事的銅鈸和誦經聲，但好多聲音（訊號）傳來，我其實是有點擔心，我現在的功力（又受傷）不知道擋不擋得住？大概走了快五分鐘，一路上的大樓，一格格窗戶都有「人」探頭向外看，我眼睛睜得老大，心裡念著佛號，催促大家走快一點。

一排低矮的建築，一塊牌子寫著「靈堂」，面對火化爐，門邊貼著亡者的姓名，門上掛著大型紅色的、白色的紙燈籠；一邊是垂直的建著一排法事室，二樓是鏤空的鐵皮棚子，火化爐轟轟的響著，二樓一排人低頭向我們看著，七月的夏日，還是讓我微微打了個哆嗦。

門緩緩地打開，我們依照不同的輩分與身分，穿上傳統的服飾，也就是所謂的「披麻帶孝」。炎熱濕黏的夏日夜晚，儀式開始前，我們都已經汗涔涔，頭髮劉海黏在脖子上、額頭上了。一名負責禮儀的女子，擺好素菜、供品、白飯、毛巾、臉盆、牙刷、牙膏、拖鞋等之後，告訴我們，黃色的布幔後方，就是奶奶的棺木。有位師父穿著紅袍，手持經書與法器，依傳統道教的規則，開始了儀式。

我們雙手合十，端坐著，靜悄悄地聆聽師父唱誦的經文，聽他說，是三清道祖的經文，約莫十五分鐘，我抬了頭，撥了撥貼在額頭上的頭髮，東望西望，看向黃色的布簾，忽然覺得，我的視線可以穿透布幔，看到奶奶坐在棺材上方，聽著經文！

我還感覺到，奶奶似乎有點疑惑，她不太知道發生了什麼事，但我卻也看不出她驚愕的神情，隨著經文的進行，奶奶好像知道什麼事情發生了，情緒開始平靜下來；第二天也是一樣，就坐著（正式的說法應該是「飄」著），靜靜地聽著。時間越晚，經文念誦的時間越長，我的頭就越痛，弟弟妹妹也有人開始喊頭疼……某些經文的篇章上，我還覺得天旋地轉。回到親戚家，洗完澡，伸手用力敲一敲頭，馬上就昏睡過去，後來想想，我幾乎有睡眠障礙的，還能這麼快就不省人事，磁場，還是有影響的。

到了出殯火化的時刻，相同的，在高雄炎熱的天候下進行。

我們披上孝服、戴好麻帽，全家族都到了，小姑姑、姑丈也從美國回來了，儀式一如開始以道教的方式進行。我們跟著道士師父，聽著他的念誦，跟著棺木一同來到告別式的現場。棺木定位，我們到儀式壇前候著。我還是覺得，奶奶坐在棺木上方，看著這一切，但這時候，我覺得奶奶是很冷靜，並且已經清楚了解現況。

跟著招魂幡，火化場在殯儀館的邊陲，先在四個方形的大爐邊，投入紙錢，我們繞著圓圈，奶奶跟在隊伍的最後方緩緩前進著，接著在火化場的跪拜之後，我想，奶奶應該已經去到了應該去的地方了吧？

◎新的功課——放下執著，才能走得更遠。

《荒漠甘泉》寫著：「爲什麼你要掛慮呢？你的掛慮有什麼用處呢？你現在好似一艘大船上的乘客；你不會駕駛，就是船主……主耶穌……把你放在舵邊，你也無法掌舵。你連將帆捲起來也不會，爲什麼你要擔心得好像你是船主、舵工一般呢？哦，安息吧！主耶穌是船主！你看見波浪翻騰，船身顛簸，就以爲船主不在船上嗎？不，祂始終在，並且負責到底。信祂，不要怕！願你平安！

我懇求你，不要爲沮喪留地步，這是一個很危險的引誘，一個精巧的引誘。沮喪使你的心收縮、枯萎，以致不能接受恩典。它把事情擴大，又描上凶險的顏色，使你覺得擔子太重太難。請記得，上帝在你身上的計畫和實現這些計畫的方法，都是絕頂智慧的。」

爲什麼要提到《荒漠甘泉》？

在我初接觸宗教的時候，我從小經驗的道教、佛教，對我的影響很是巨大，但是，當我就讀天主教學校、在臉書上接觸了《荒漠甘泉》、甚至讀了《聖經》，再到後來接觸了現在的老師，老師教我，「不拘形體、不拘形式，心有檀城，就像心中要有無邊廣大的神桌的概念，要能容納一切的神祇。」因此，我慢慢地改變了我的想法，也許在人間如同在天上（好想接一句「願祢的名受顯揚！」）、在地下，所有的能量都是一體，只是像《普門品》說的，你需要什麼樣的形象來度化你，祂就化成什麼樣你接受的形象顯現，進而教育你、幫助你。

這位老師對我的幫助很大。

在初「見」天印老師時，其實不是「見」，而是透過電話。

那時，我常常身體不舒服、夜裡無法入眠，靈魂裡有一種不安和騷動，常常被阿飄侵擾，生活品質非常低落，之前的老師們，又因很多緣故，無法再待在山上道場裡，而我自修一是懶惰、二是不得法，咳嗽和超級敏感（阿飄）的狀況無法排除，因此，我知道，必須要再尋求一位新階段的新老師來帶領我往前進；不然，再這樣下去，我真的不知道會變成什麼樣子，可能，又趨近要被送進精神病院了。

我打開雷達，放出我需要找老師的訊息，接著，腦海裡就有許多位師姐、朋友的人選，她們都是在家居士，也都有固定的指導老師，我想應該是很好的開始。

第一位是位喇嘛。我知道，我接下來，應該是會走上密宗的道路，我什麼都得學，不能侷限在一處。

我跟著熱心的師姐前去見她的老師，師姐甚至把多年隨身的加持佛珠都轉送給我，但，這位老師，嗯！可惜不是！

隔了幾天，在臉書上碰上個師姐，她現在皈依在某位知名老師座下。這位老師主張禪坐即可頓悟，我一時衝動地就想加入，但好朋友要我查查網路、多了解，再來嘗試，他說他有一些拜在他門下的弟子的朋友，都不是很令人信服；加上，我個人認爲，說禮佛，但大禮拜朝拜的竟然是人，這我完全無法接受！因此，這位，也不是，雖然，相隔數月，他還曾經到我夢裡來，希望我跟隨他！

但是，I am sorry!

陸陸續續，有幾個朋友，介紹了一些老師，我都是聽聽敘述就知道不是目前正確的指引，這事也就擱下。

又一日，我忽然想起許久不見的前公司同事，似乎也在禪修，狀況似乎挺好，我馬上聯繫了她，謝謝D的牽線，我很快和天印老師約上時間，先用電話解決眼前的急迫。

約定要「熱線」的那天，我特別早早回家，雖然接通的時間從晚間八點延宕到十點三十分，但是，跟老師講完話，我就確定，這位是指引我這一階段的老師！

電話裡我都沒有多說，只是發問：「老師，我覺得我現在很空洞，靈魂很傷痛，但我不知道怎麼回事！我夜不成眠，白天渾渾噩噩，人一直生病，一直被阿飄欺負……我快受不了了！」

老師的聲音很平穩、充滿鎮定的效果：「妳是不是覺得很痛苦，因爲妳覺得眾生很苦，但妳卻無能爲力？」

我大崩潰地哭了（大家一定不懂我爲什麼哭）。

我自己都不知道的原因、來由，老師一句話就點破。

「妳是不是不知道該往哪裡走？靈魂要往哪裡去？」

我又哭了。

「妳是不是不懂修行的意義在哪裡？妳爲什麼要受這些身體、心理的苦和折磨？」

我哽咽。

「我們有緣會見到面，我今天幫妳處理一下，讓妳的靈魂穩定一點的歸位，也讓妳比較好睡，身心比較舒適一些。妳好好休息。」

我倒在床上，今夜眞的比較好睡。

有緣。

雖然老師遠在台南，但是，每一趟奔波，我都覺得值回票價又有意義。

第一次見到天印老師，完全和我的想像不同：老師非常親切隨和，操著一口台語

（國語嘛會通），短袖短褲，甚至有一點點草根氣息，相當好相處。小小的道場裡，四臂觀音坐鎮，簡單的木桌、長板凳，跨過門檻，心就似乎比較平靜下來。

原木長條板凳上，老師坐在對面，紙本上寫寫畫畫，把我這兩年多來，修行的心路歷程都一五一十說了出來，我簡直哭到不行。老師同樣希望，我用禪坐的方式，修補身體與靈魂上的傷口後，慢慢再來討論修行進階的部分。雖然，我對這種無法一有狀況，馬上可以找到（Reach）老師的模式感到憂心，也對這樣間隔一段時日，才能親自被教導的方式覺得沒安全感，但是這是種考驗，也是必需的學習過程，

「妳要學習保護自己，同時要學習受傷了自行修復，老師不會永遠在妳身邊。」同時，老師也說，其實我這輩子可以不用來（投胎）的，見到眾生苦，我又自己發了願來到這世上。既然如此，我們就把功課做好、做完。

好吧！我就開始了每天禪坐的功課。

每天都有不同的發現和進展。約莫兩個月，似乎傷口都比較癒合了，身心狀況也變得極好，不會被阿飄欺負，外部不友善的磁場或是存在的磁場也比較不會干擾我了！我開始積極地練習內丹，開啓靈魂的記憶。

下面就列出一小段比較近期的練習片段。

我和老師的對話。

「我打坐的時候，看到我的內丹，或說是我的靈魂好了，圓圓一小顆、亮亮的，雙手合起的圓的大小，從頭頂往上發散出去，穿過地球，上竄到宇宙深處，穿過光線、飛過星辰、越過太陽恆星，一直往宇宙盡頭飛去，直到我看見一個金色輪廓，紅色光的影像，指引我前行，我才停下緩慢移動。

我好像從十四層樓開始拾級而上，像銀河一樣的透明階梯一格一格，我的靈魂比階梯大一些，慢慢地一步一拜一持咒，徐徐而上；十四到十五樓大概一日兩日的打坐時間就完成了，但十六到十七樓就不是了！

一位白光的菩薩顯像，指示我明白要往上攀登並不容易，我點點頭，小小靈魂開始登上階梯，一步一拜一持咒，每天重複一樣的動作，已經爬了一個半月的樓梯啦！」我敲敲桌子，表示不知所措。

「重點是我夢裡的黑色大蜘蛛跑來啦！看我爬不動就推我一下，這幾天，兩個拿著法器的小尊護法也飛來在我背後，陪我繼續一拜一跪的前行……」

「黃金的樓梯消失了，一隻金色烏龜出現，駝上我，瞬間就跨進了十八階，階梯不見了，取而代之的是陡峭的，與地面垂直九十度的崖壁！我小小的靈魂在金龜背上跪著，一點都不覺得不適、陡峻或是恐懼，完全穩若泰山。」

自然，老師很樂見我的進程，在密宗中，大蜘蛛是神佛的座騎，而我不停地爬樓梯，也象徵著，我有持續的進步與向上，而無法前進或停滯，則是遇到關卡，需要老師協助轉動鑰匙、點我一下。

但自己做功課的時候，也常常會卡關。

在某一個修復日，我喉嚨好痛（扁桃腺發炎），習慣地點了香，坐上墊子準備做功課：一如以往，合十，感受能量在掌間像原子粒子碰撞的熱能，拇指相扣，馬上聽到「只要練習聚氣」的指令，我乖巧地照做，開始聚氣，但不把丹田之氣向外推送，今天好多了，氣可以滾成圓球了，在手心裡打轉，但還是時冷時熱，手指手背還是冷的，但已經比前幾天好多了！我試圖想把手心裡的丹田之氣旋轉方向摸索出規律，但失敗了……

（一再提醒，一切靜坐學習步驟、注意事項，請洽你的導師。）

後記

◎未來，還會不會有故事？

Definetly YES.

日子一天一天流過，每日都有許多嶄新人事物的接觸，故事每天都不斷地發生著，每個人的歷史也都各自地在創造、積累。過去這幾年，幾番起落，開始修行、學習，遇見很多內心質樸、單純、良善的朋友，師姐師兄和老師們，心境一天天逐漸改變著，脾氣、耐力也是，獨立性更是！我深深感覺到，生命中的點滴，都在積沙成塔，為我累積心靈、身體，以及服務神職方面的涓滴力量，等待破繭而出的那一刻。

老師的殷殷叮囑，我很希望能夠分享給大家：

「貪則生恐懼，無欲則剛。」

當我在問事的時候，抱持的心情如此，現在在一些社團服務，心態亦保持如此。這也是「清淨心」的概念之一，也是過往不斷被師父及禪坐中提醒的；當幫助他人或是布施時，心中不要存著要求回饋的心理，做就是了，當心中不貪不求，助益和願力自然就大。

「分別心」也是另一個功課。六道輪迴，並無誰勝誰高，當你要伸出援手，除了醫護人員能檢傷分級外，其他有什麼你可以分類的？小貝比、老爺爺？乞丐、君主？人或小狗？而「分別」說眞爲「分別」，在於聽從你的心，正念下的直覺會協助你，判斷你能夠眞正協助的人，避免人施救不成，兩人一同陷溺的窘境。

同時，老師也說過：

「人生必經：孤獨寂寞痛苦煎熬。」

我一個人，背負行囊，在遙遠的日本北海道、十二月夜裡、零下幾度、窗外只有雪與荒原、銀白覆地、了無人煙的超級宗谷號上，夜色中，前進日本最北端的稚內。七個小時，四節車廂，我和車長三人雙眼對視，一路無聲。沒人可以對談，語言不通；路似乎沒有盡頭，螢幕硬生生打出「まもなく30km」（很快地已經三十公里），

Google Map 游標不動、WiFi 電力逐漸耗盡，晃加町又無故停下十多分鐘；寒氣竄過列車地板，穿過椅下的暖氣設備，我縮在椅面上的腳趾都凍僵了……那一刻，我不知道，我是否能在那樣的夜裡，看到「稚內駅 JR 日本最北端の駅北緯45度23分03秒」！內心相信日本人對目標終點的執著和使命必達，一方面內心因孤獨和寂寞，煎熬交戰著，恐懼油然而生……

到最後，我只好打開通訊軟體，和家人、E 通話，她們都默默陪著我，N 則陪我最末幾小時直至目的地，安定了我的心。寥寥數語，雖未能道盡感謝之意，但踏下列車，寒風忽地襲面而來，我涕泗縱橫！

是！這不是件了不起的功績，也不是需要自誇的偉業，而是當我拖著行李，薄冰上亦步亦趨、小心翼翼的步伐裡，迎面毫不客氣的蝕骨風雪中，平時努力自持的喜怒不形於色，完全消融！有太多的感謝及感動滿溢，我是流著淚，哭著、笑著踏進這邊疆極境的！天亮了，窗前湛藍的宗谷灣、雪白的庫頁島，這是我人生的一枚印記，印在，心上，刻進靈魂裡！

（下輩子，妳還記得這裡的風雪顏色好嗎？）

雖然被朋友笑說，我還是無法忍受眞正的孤獨寂寞！但是這輩子，我究竟用了多大福分和努力、多少人的協助和個人的磨練經歷，才讓我能踏出這一步，一個人到美國生活，飛遍歐亞中國，從京都、東京、倉敷，輾轉一路向北，一個人走到這一刻？

而，下一世，我又會在哪裡？

我眞的不知道。

但這一刻，我只想再次感謝在身邊一直支持我、鼓勵我的家人，好友們，還有鼓舞我或打擊我的人們：

「如果這是上天要我經歷的磨練，我收下了！」

文末，再套句蔡依林說的：「感謝那些不看好我的、打擊我的人，你們讓我更好、更堅強、更努力。」

「如果，這是上天賦予我的任務，我也收下了！」

我們一起努力吧！

成為魔女的條件：留美、科技業高階主管
穿梭陰陽界、前世今生的真實體驗 / 陳怡君作
——初版·——臺北市：大塊文化, 2016.05
面；公分·——(不在：09)
ISBN 978-986-213-691-1(平裝)
1.通靈術
296.1　　105002863

Trans+

Trans+

Trans+

Trans+